BALLOON REHABILITATION

バルーンリハビリ

高齢者の体と心の風船機能トレーニング

大石亜由美

いかだ社

カラー♡セラピー

　私は風船の訓練や作業のときには、決まって色選びをしてもらいます。
　色からわかる心のメッセージを感じとることで、訓練や作業の効果がより縛られるからです。
　色選びで心理がわかります。色の心理的なメッセージを説明します。

赤……花

　赤は、「情熱の赤」といわれるような力強さを意味し、興奮や強い展望を表しています。
　自分の高ぶる気持ちに気づかせてくれる意味も持ち合わせています。
　赤い洋服は、自分を主張する必要があるときや、正反対に相手からの攻撃を防御したいときに、必要なカラーになります。

唐津彩佳のカラーpoint
●赤には心臓の鼓動を早め、血圧を上昇させ、興奮を促すなどの生理作用があります。

緑……茎・葉

　緑は調和・平和・安らぎという、心身のバランスを考えたときに選ばれるカラーです。心身の調和がはかれていないとき、疲れたときなどこのカラーが気になります。平和を案ずるときに求められます。
　例えば多数の集まりで話をする場合は、緑が調和を保ってくれます。

唐津彩佳のカラーpoint
●緑は健康を表し休息を与えるので、私たちに必要な色です。眼の疲労を癒すだけでなく、眠りを誘い苦痛と緊張をときほぐす最善の色です。

ピンク……ウサギ

　ソフトなパステルカラーの代表ともいえるピンクは、人を温かい気持ちにしてくれて、幸せに導いてくれるカラーです。
　優しい気持ちになりたいとき、穏やかで朗らかな気持ちのときに、人はピンクを選びます。
　逆に自分に不足している優しさや愛情、思いやりという温かさがほしいときも、このカラーが気になります。
「幸せになりたい！」「幸せにしてあげたい！」と願うときにピンクは効果的です。

唐津彩佳のカラーpoint
●ピンクの空間で生活をしたり、『ピンクの呼吸法』をすることによって若返りの効果が！！使うほど若返るのがピンクです。

黄色……キリン

　黄色は最も光に近い色で、さまざまな意味合いがあります。
　目覚める力があります。何かしたい！ 行動を起こしたい！　というときに力を与えてくれるカラーです。
　好奇心旺盛のときは、この色が必要です。また童心に戻りたいというように、子どもっぽさを求めるときにはこのカラーを選ぶようです。
　黄色は、自分の意識を向上させ、行動させるだけでなく、人を強く動かす力も持っています。

唐津彩佳のカラーpoint
●一番遠くから目立つ色～黄色の信号・通学する学童の黄色い帽子や傘・通路で作業する人の服……私たちの命を守ってくれている色です。

オレンジ（橙色）……デイジー

　オレンジは赤と黄色の中間に位置する色相で、心理的な影響においても、赤と黄の要素を併せ持っているところから、赤の激しさと黄色の明るい気分とが混じり合った精神状態と結びつきやすいのです。

　人に助けてもらいたいときに気になるカラーです。自分が何かしたいと望んだとき、人から優しくしてもらいたいときなど、オレンジを身につけると効果があります。

　人とのコミュニケーションを望むときに、オレンジ色は使われます。食欲を増進させる色でもあります。

唐津彩佳のカラーpoint
●ニンジンに代表されるように、オレンジ色は組織を清潔に調和させ、新しい組織生成を助ける働きがあります。

白……ハクチョウ

　この色がウエディングに選ばれるのには理由があります。出発の色、新しい門出の色、そして感情的にも無垢であるという意味を持っています。

　変化が訪れたときや変化を求めるときに気にかかる色です。消極的な考えを打ち消したいときは、白い服を着るとよいでしょう。

唐津彩佳のカラーpoint
●白い壁の洋間で暮らす女性は、美人に！！白さが自分の顔色や姿を引き立て、内分泌を促し若返らせます。

青……帽子

　青は、海や空の色で表現されます。自分自身を客観的に見据え、冷静な判断や意見が必要なときに青が選ばれます。何か物事を迅速に進めたいときは青がお奨めです。自分ひとりで何かしてみたいとき、自分を信じてみたいとき、独立してみたいときなどに必要とされます。

水色……帽子

　また、水色は青とは違い、新鮮で汚れのない気持ちを持つとき、素直でいるときに気にかかります。そして水色は希望のカラーです。今ある希望も、これからの希望も、何かに向かって願うときには、力を貸してくれるカラーです。

唐津彩佳のカラーpoint

●青は最も冷たい色で、鎮静力を持ちます。青色光や青色を基調にしたインテリアは、血圧を下げ、呼吸数、筋肉緊張を減少させます。

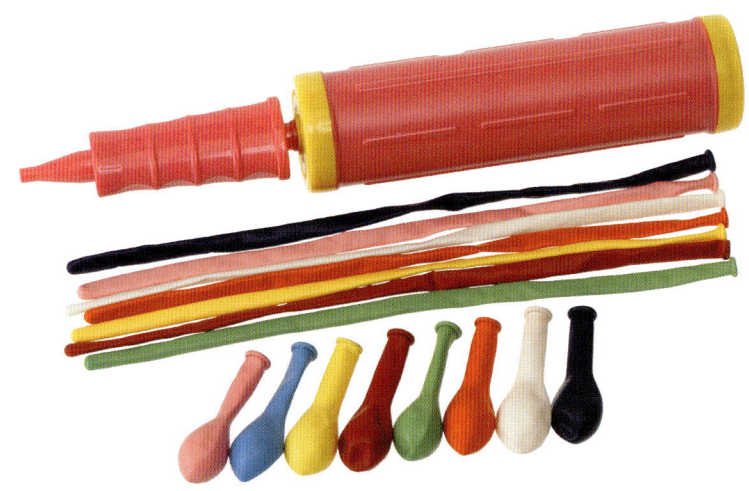

【参考文献】
『色の秘密』(野村順一著　文芸春秋刊)
『心を元気にする色彩セラピー』(末永蒼生著　PHP研究所刊)

バルーンに触れてみよう

バルーンリハビリを行う前に、まずバルーンに触れ、バルーンの感触を確かめてから始めましょう。

step1
●ラウンドバルーン・5インチの膨らまし方

　ラウンドバルーン（丸い風船）を使うときは、空気の量を調節しなければなりません。
　ポンプで1〜1.5往復、押し引きします。この往復が「割れにくく、つぶしやすい」適量な空気量です。

① 左手にバルーン、右手にポンプを持ちます。

② ポンプを1〜1.5往復させ、空気を入れます。

③ 適量を膨らましたら、結ぶ前につぶして弾力を確かめてから、口を結びます。

step2
●ラウンドバルーン・5インチのつぶし方

　はじめは指の腹がつかない場合があるかもしれませんが、無理をしないように少しずつ力を強めて、動かしていきましょう。

① バルーンを絵のように左手に持ちます。

② 真ん中より少し上を指全体でつぶします。
　親指と他の指の腹がつくまでつぶしましょう。

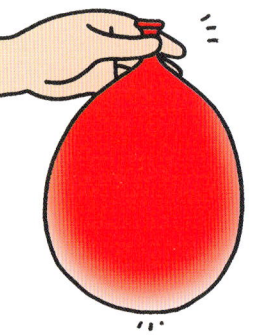
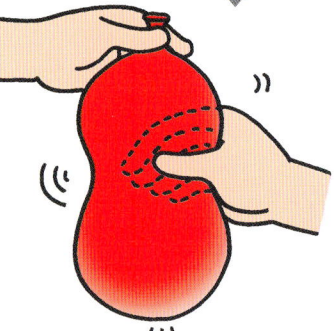

指の腹と腹がつくサイズではじめましょう。

●バルーンアート　つくり方のポイント

※ツイストバルーン・260サイズを使います。

【膨らます】
　ツイストバルーン(細長い風船)やラウンドバルーン(丸い風船)を膨らますときには、専用のポンプが必要です。
　ツイストバルーンは、最後まで空気を入れてしまうと、創作することができなくなるので、つくるものに合わせて、先のほうを膨らませずに残しておく必要があります。

【結ぶ】
　結ぶときは、少し空気を抜いて、結ぶ部分を柔らかく伸ばしておくと、楽に結ぶことができます。

2本の指をからめることで、輪にした部分の幅が広がり、結びやすくなります。

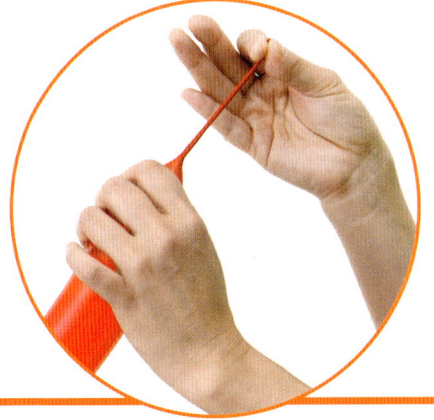

【つぶす】
　右利きの場合、左手の指でつぶします。親指・人差し指・中指の3本の指先の腹を使って押しつぶします。バルーンを通じて親指と他の指がつくくらいつぶします。

指を曲げて「握る」のではなく、「つぶす」ように意識します。

【ひねる】

バルーンをひねる側は、基本的に結び口側からひねっていきます。

右利きの場合は、結び口を左にして持ちます。左指でつぶし、つぶしたそばを右の小指以外の指で風船を持ちます。

ひねる方向は一定方向に前方に3回ほどひねります。同じ方向にひねらないと、もとに戻ってしまいます。

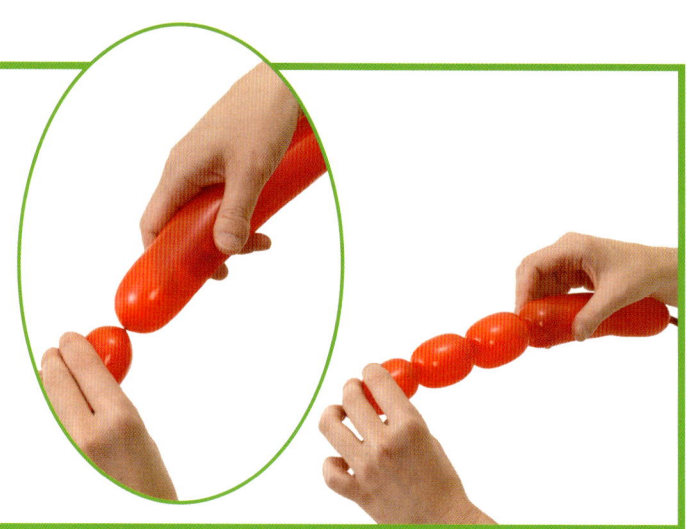

【ロックする】

「ロックツイスト」とは戻らないように固定することです。

例えば　バブル(ひとつの区切り)を3つつくります。

2つ目と3つ目のひねり目で折り曲げます。

1つ目と3つ目のひねり目をまとめてひねりあげます。(3回ほどひねる)

これで戻りません。

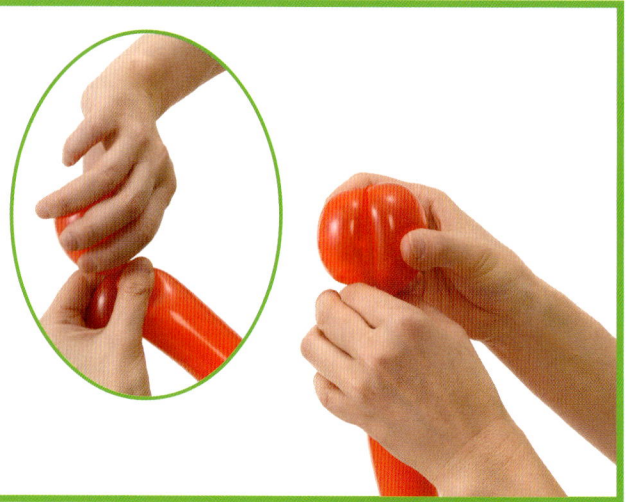

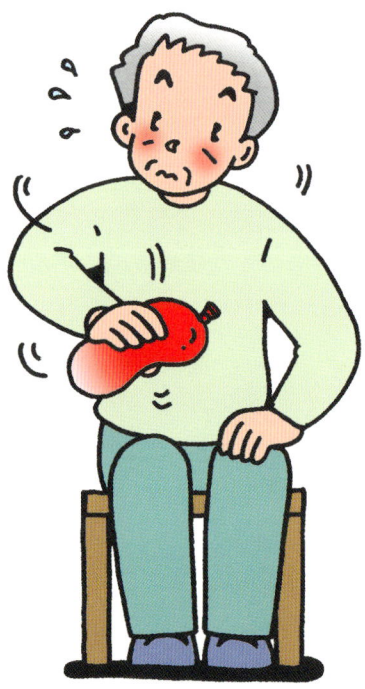

カラー♡セラピー 【赤】……花	2	
【緑】……茎・葉	2	
【ピンク】……ウサギ	3	
【黄色】……キリン	3	
【オレンジ（橙色）】……デイジー	4	
【白】……ハクチョウ	4	
【青】……帽子	5	
【水色】……帽子	5	

はじめに	10
バルーンについて	12
高齢者の特徴	14
リハビリテーションとは……	16
骨格筋の名称	18
骨格の名称	19

バルーンに触れてみよう

step1●ラウンドバルーン・5インチの膨らまし方	6
step2●ラウンドバルーン・5インチのつぶし方	6
step3●バルーンアート　つくり方のポイント	7

バルーンリハビリ実践編

【ラウンドバルーン・5インチ】を使っての運動	20
[1] バルーンをつぶしてみよう	20
[2] バルーンを手でコロコロしよう	22
[3] バルーンを膝と膝ではさんでみよう	24
[4] バルーンを手と手ではさんでみよう	26
[5] バルーンを膨らませよう	28
[6] バルーンの空気を維持しよう①	30
[7] バルーンの空気を維持しよう②	32
[8] バルーンを使って足を動かそう①	34
[9] バルーンを使って足を動かそう②	36
【ラウンドバルーン・9インチ】を使っての運動	38
[1] バルーンを膝と膝ではさんでみよう	38
[2] バルーンを膝の裏ではさんでみよう…座位	40
[3] バルーンを膝の裏ではさんでみよう…臥位	42
[4] ポンポンバルーンを使って体を動かそう	44
【ツイストバルーン・260サイズ】を使っての運動	46
[1] 260を輪にして体を動かそう	46
[2] 260を輪にして体を動かそう…1本	48
[3] 260を輪にして体を動かそう…3本	50
[4] 260を輪にして、色別起立運動をしよう	52
[5] 260を輪にして、色別で首かけ運動をしよう	54
[6] 260を輪にして、首かけ背屈運動をしよう	56
[7] 260を輪にして、首かけ前屈運動をしよう	58

みんなで運動会をしよう	60
記録表をつくっておきましょう	62

バルーンアート実践編

イヌをつくる	64
ウサギをつくる	66
キリンをつくる	68
ハクチョウをつくる	70
花をつくる	72
茎と葉をつくる	74
デイジーをつくる	76
帽子をつくる	78

目次

はじめに

　子どもの頃、指に絡めたひもがスルリと抜けて、大空へ飛びたってしまった風船の思い出があります。
　ほっぺを思いきり膨らませ、空気をおくった色とりどりの風船。
　ツルツル・キラキラ・弾けそうに揺らいでいた記憶がよみがえってきます。
　風船って、子どものおもちゃみたいなイメージがあるけれども、大人だって、見て・触ったら、夢はきっと膨らみます

　私がバルーンアートに出会ったのは2006年6月。
「キュッ・キュッ・キュッ・ぐるっ……パーン!!!」
　バルーンを握って、つぶして、ひねる動作を繰り返し、初めてのイヌを完成させたときには、汗びっしょりでした。
「これは絶対にいい!!」と直感し、「看護に使えないだろうか?」「バルーンをリハビリに取り入れてみよう」と即、動き始めたのです。

　最初は70～80歳代の男女10人からの症例研究を始めました。運動とは、「継続してもらうこと」が一番大切であるため、1回ごとに必ず作品を完成させることを念頭に置き、簡単な作品をつくったり、「握る」「ひねる」などの動作を繰り返し継続しました。また、効果を数値測定で確認しました。
　日を追うごとに技術は向上し、今まで困難であった日常生活の動作ができるようになっていったとの声を聞いたときには驚きました。

　例えば、フォークを使っていた人がお箸に替わる。洗濯ばさみがつまめるようになる。鍋の取っ手を持てるようになる。ボタン掛けのように細かい作業の時間短縮がみられる。このように指先や腕の機能が回復するという結果が出てきたのです。

　また、リウマチや関節痛のある人でも「バルーンは握っても痛くない」という声がほとんどでした。このような指関節に疾

患のある方がバルーンリハビリを行う際に大切なことで、「痛みを発生させずに関節の硬縮（固まること）を防ぎ、現在の機能を低下させない」ことが可能であったことから、これは最良のリハビリであると考えています。

　そして、心の病（うつ病）や認知症の人からは、「やる気が出た」「生きがいがみつかった」などの声や「笑顔が増えた」「明るくなった」「記憶が持続した」「記憶の変化があった」「活力が出てきた」などの効果があらわれています。
　もちろん、対象者の病状や症状の段階に合わせた声が聞かれ、効果のあらわれ方も様々ですが、良い結果が生まれているのが実際です。

　空気を入れる運動やバルーンの口を結ぶ運動、つぶしたり、ひねったりする運動が一人でできない人の場合には、家族の人に手伝ってもらうことでコミュニケーションが図れていることも大切な要素のひとつです。

　風船は子どもの遊びとしてだけでなく、今や、大人も楽しめるバルーンアートとして普及しています。その中でも、高齢者の機能訓練として「バルーン」を使うことに着目しました。これはバルーンを使ったレクリエーションではありません。機能訓練という位置付けで、30分から1時間の運動を行います。高齢者と呼ばれる世代が、楽しみながら汗を流し「機能の維持と回復」に向けて実践できることは「老いの予防」「機能低下の予防」につながっていくことだと思います。バルーンという素材があれば、老人施設やシルバーの集い、ご自宅でも気軽に行うことができます。
　これから多くの方に、バルーンを使った機能訓練の実施方法を知っていただき、実践してほしいと願っています。
　身近で簡単にできる「バルーン」を使い、「バルーンリハビリ」を体験してみましょう。

バルーンについて

原料
　バルーンはゴムの木から出る樹液からつくられています。この天然ゴムからできているバルーンは、自然にも優しく「土から生まれて土に帰るゴム」といわれています。

特性
　バルーンの最大の特性は「伸縮性」です。あの軽やかさ、柔らかさは手に取るとつい握ってしまいたくなります。バルーンに入れる空気の量で弾力性の違いを味わうこともできます。自然の素材なので、劣化を防ぐには涼しい場所で日光に当たらないように保管しましょう。

使用方法
　通常のバルーンは口で膨らますことが可能ですが、ここでは専用のポンプを使用することをおすすめします。

使用上の注意点
　子どもはバルーンが大好きです。子どもの特性として物を口に入れる習慣があるために、6歳未満の子どもにバルーンを渡す際は、膨らましたものにしてください。万が一、飲み込んでしまった場合でも自然に排泄されますが、呼吸器系に入ってしまう恐れもありますので、破損したバルーンや使用しないものは、子どもの手の届かないところで保管しましょう。

バルーンのいろいろ
　バルーンは丸だけでなく、いろいろな形があります。
　ここでは、ラウンドバルーン（丸い風船）とツイストバルーン（細長い風船）を使用します。
●ラウンドバルーンは、5インチと9インチを使用します。
●ツイストバルーンは、260サイズを使用します。

ポンプ

　バルーンを膨らます専用のポンプを用意します。ポンプは押しても引いても空気が入るものがおすすめです。風船を購入するときにセットで販売していることもあります。

　ポンプにもいろいろありますので、手にとって持ちやすい、使いやすいものを選んでください。

バルーンの購入方法
●店頭での購入

　ラウンドバルーンとツイストバルーンは、大型の玩具店・ストアー、東急ハンズやロフトで購入できますが、今では100円ショップでも取り扱っていますので、身近な場所、手ごろな金額で手に入れることができます。

　また、バルーンの関連商品を扱うサイトなどを調べていただければ、通信販売で購入することも可能です。

【バルーンアートについてのお問い合わせ先】

「バルーンサークル・おおきな夢」
●東京総本部　大石亜由美
　まずは、こちらにご連絡ください。
　TEL&FAX　042-373-6888
　携帯　090-5346-8947
　E-mail　cpmrj848@ybb.ne.jp
●地域で活躍する
　バルーンアドバイザー・インストラクター
・神奈川県支部代表
　　楮本洋子　090-1035-7213
・横浜支部代表
　　藤田淑子　045-451-3663
・厚木支部代表
　　岡村里絵　045-245-2071
・川崎支部代表
　　中西明美　044-767-0330
・東京都支部代表
　　峯尾真由美　042-371-5235
・多摩支部代表
　　谷川由紀子　042-337-4502
　　大石　杏　042-373-6888
・東久留米支部代表
　　山岸隆雄　042-473-6072

・長野県支部代表
　　宮下博光　0267-65-7073
・立科支部代表
　　宮下めぐみ　0267-65-7073
・佐久支部代表
　　市川智子　0267-67-2819
　　上田　礼　090-5560-7174
・小諸支部代表
　　朝倉梨津子　090-8586-5786
・南佐久支部代表
　　島崎一沙　0267-88-3613
●施設
・柿生アルナ園（デイサービス）（神奈川県川崎市）
　　044-987-0021
●ショップ
・(株)ウエシマコーヒー国立支店（東京都国立市）
　　042-580-2581
・サンドイッチハウス1010(東京都多摩市)
　　042-371-1010
●イベント
・グリナード永山フェスティバル（東京都多摩市）
・佐久市バルーンフェスティバル（長野県佐久市）

高齢者の特徴

寿命って？
人は19歳まで成長するとされています。成長するまでの期間の6倍が寿命とされているため、約115歳までが寿命と考えられるのです。

老化とは？
「60の手習い」などと表現されるように、退職してからゴルフが上達した例など、体力の増強も練習によってもたらされることは知られています。芸術面や考え方、文章力など、この時期に新境地を開拓する人もいると報告されているように、心がけしだいで、加齢にもかかわらず、身体年齢を老化させずに保つこともできるといわれています。

①　脳の老化
記憶力は加齢とともに衰えていきますが、もっとも人間らしい総合判断力は、加齢とともに増すことはあっても低下しないといえるようです。

②　運動機能の老化
幼児は転んでも小さいため、骨折はほとんどありませんが、老年者は転んだときに骨折することが多くなります。幼児に比べて体が大きく、とっさの動作も鈍くなってきているため、受け身の体勢がとれないことなどが関係していると考えられています。

③　心肺機能の老化
呼吸機能の低下は80歳で20歳の約半分になり、加齢の影響を受けます。
機能低下を防ぐために、60歳代では脈拍が120／分くらいで、やや汗ばむ程度の充実感ある運動量が適当だといわれています。

老年者に多い疾患

65歳以上の老年者に多い訴えは、腰痛や手足の関節痛が上位を占めています。肩こりや手足の動きが悪い、しびれなどの、いずれも筋・骨格疾患に関するものが多くなります。

老年者のQOL

① 老年者のQOLの定義

「クオリティー オブ ライフ」は「生活の質」と訳されます。QOLとは、五体満足で普通の生活をしていることではありません。「老年者の幸福」と定義したほうがぴったりあてはまります。

② 老年者自身の心がまえ

65歳から85歳までの20年間の貴重な時期を、本当に自信を持って生きることができれば、「幸福感、すなわちQOLは高い」と考えられるのです。

老年病

① 心のケアー うつ状態

病は気から……というように、うつ状態では風邪をひきやすくなります。「過去5年間に不幸で苦しんだ人は、喫煙より5倍も乳癌にかかりやすい」という報告もあるようです。

② 認知症と生理的物忘れ

認知症は一度発達した知能が器質的脳障害により、社会生活ができないほど低下した状態を表します。いくら物忘れがひどくても、社会生活ができる状態では認知症ではないのです。

③ 転倒と骨折予防

65歳以上は、男性20％、女性40％が1年間に転倒を経験しています。まずは、転倒しなければ、骨折は起こらないので、そこからの予防が大切であると考えられます。

リハビリテーションとは……

リハビリテーションって何でしょう！？

通常、「リハビリテーション」という言葉が深い意味と思想を持っているために、日本語として訳すことが難しく「リハビリテーション」が、そのまま用いられています。
Rehabilitationは re（再び）と habilis（適する・人間にふさわしい）とation（すること）から成り立っていますが、これは何らかの障害を受けたものを再び、人間と呼ぶにふさわしい状態に戻すことを意味しているのです。

リハビリテーションの目指すものは？

リハビリテーションの対象は、病気ではなく「人」です。ですから、障害の軽減や回復は当然のことですが、多くはQOL（クオリティー オブ ライフ）＝「人生の質」の向上を得ることに尽きるでしょう。これは健全な機能や能力の向上があってのことだと考えられるからです。

私が行っているバルーンリハビリとは……

ラウンドバルーンやツイストバルーンを使い「膨らます・結ぶ・握る・つぶす・ひねる・はさむ・動かす」などの基本動作（方法を考案）を繰り返し行うことをバルーンリハビリと呼んでいます。

① 基本動作を継続し行うこと
② バルーンアートの造形を行うこと
③ バルーンカラーハート♡セラピーによる心の状態に触れること
④ バルーンセラピーを行うこと
⑤ コミュニケーションを大切にすること
⑥ 心と体に適度な刺激をもたらすこと
⑦ いつでもどこでも誰とでも手軽に行えること

以上がバルーンリハビリ考案の内容と目的です。

一方に麻痺のある方のバルーンリハビリ

　麻痺といってもいろいろなタイプがありますが、ここではバルーンができる対象の方へ介助の方法をお伝えします。

　まず、バルーンリハビリの対象者であるか否かの基準として、片手がしっかりしていること、握る、つぶす、つまむができることになります。

　健側の運動であって麻痺側の運動ではありません。麻痺側では他動でしか運動ができないため、健側のＡＤＬ(日常生活動作)の維持・持続のために行いたいと考えます。まず指導員には2つの方法があります。①は「つぶす」担当です。②は「ひねる」担当です。要するに麻痺側の代わりをしてあげるのです。

【握力測定法】

　バルーンリハビリを行う前に、「どれくらいの力が自分にあるのか」確かめてから始めると、結果がわかりやすいと思います。

　そこで、簡単に測定できる方法がいくつかありますので、あげてみましょう。

① バルーンアートの高度技術がマスターできる
② 日常動作で容易にこなせる動作が増える
③ 水銀血圧計による数値の変化を見る

　大きく分けて、この３点で効果がわかります。

　①は、はじめはイヌしかつくれなかった人も、花・デイジーなどと、高度な作品を制作できるようになってくることで、効果があるといえます。

　②は、以前バルーンリハビリを6か月行った方の話ですが、始める前は、雑巾を両手で絞れませんでしたが、骨折した側の手も使えるようになっています。洗濯をする際に洗濯ばさみをつまめなかったことも、今ではできるようになっていると報告されています。

　このように日常の動作が充実されてくるようです。

　③は、マンシェットは、指導員の腕に固定します。相手に送気球を渡し、カウントしながら握ってもらいます。何回握ると160mmhgになるのかをカウントします。

骨格筋の名称

　人は、骨と関節だけでは体を動かすことができません。
　手や足などのように体の運動は、筋の伸び縮みによって行われ、血液の流れを手伝い、食物の運搬も行います。尿を出したり呼吸をしたり、さまざまなことに関わっています。
　ここでは、バルーンリハビリを行うとき、主に使う筋肉を紹介しています。

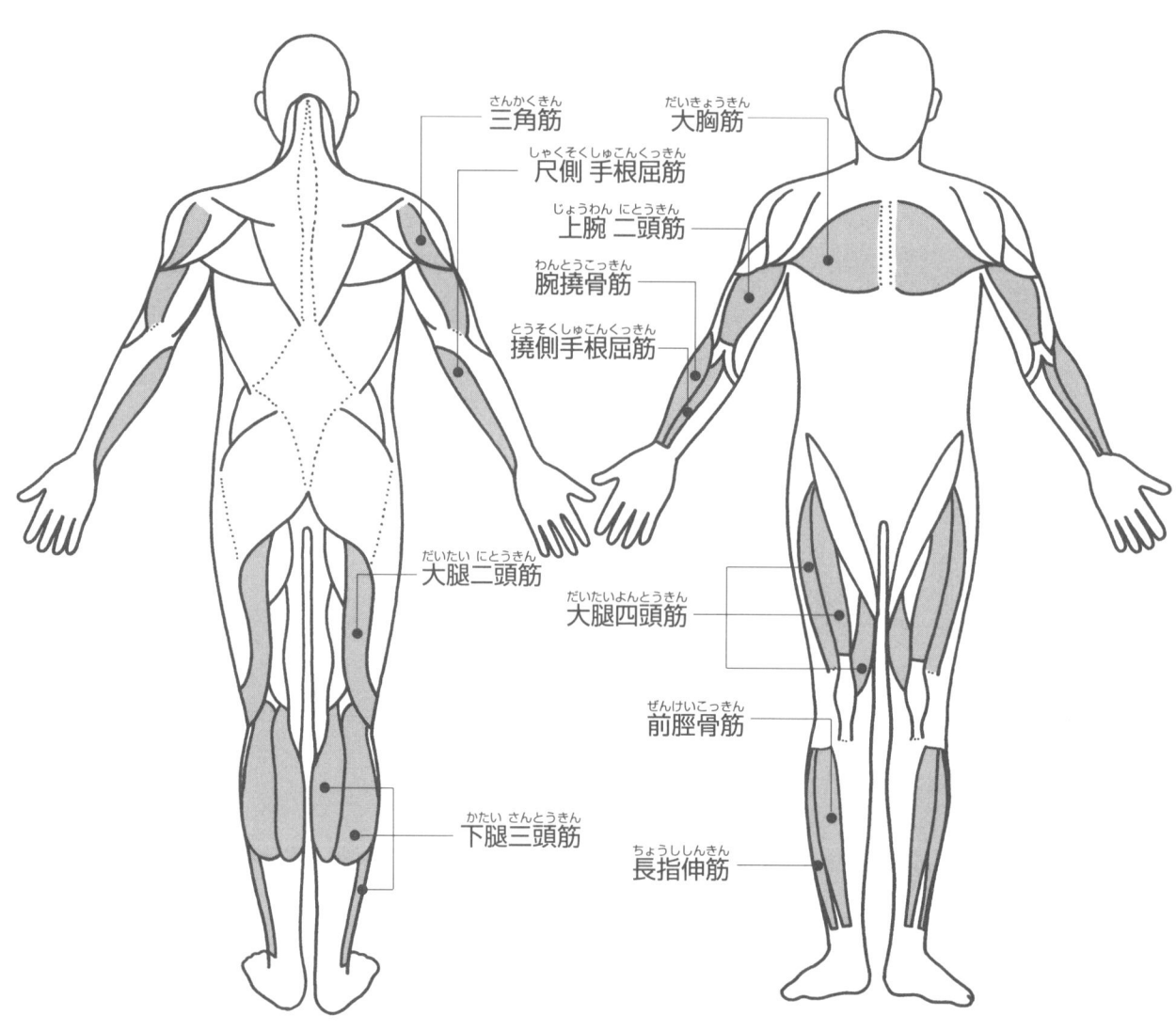

骨格の名称

　人は、骨によって体の枠組みや内臓などを支えています。
　骨は、体の柔らかい部位を守り、筋肉を動かすときにその支えとなり、血を生成し、体の中のバランスを保持しています。
　ここでは、バルーンリハビリを行うとき、主に使う骨を紹介しています。

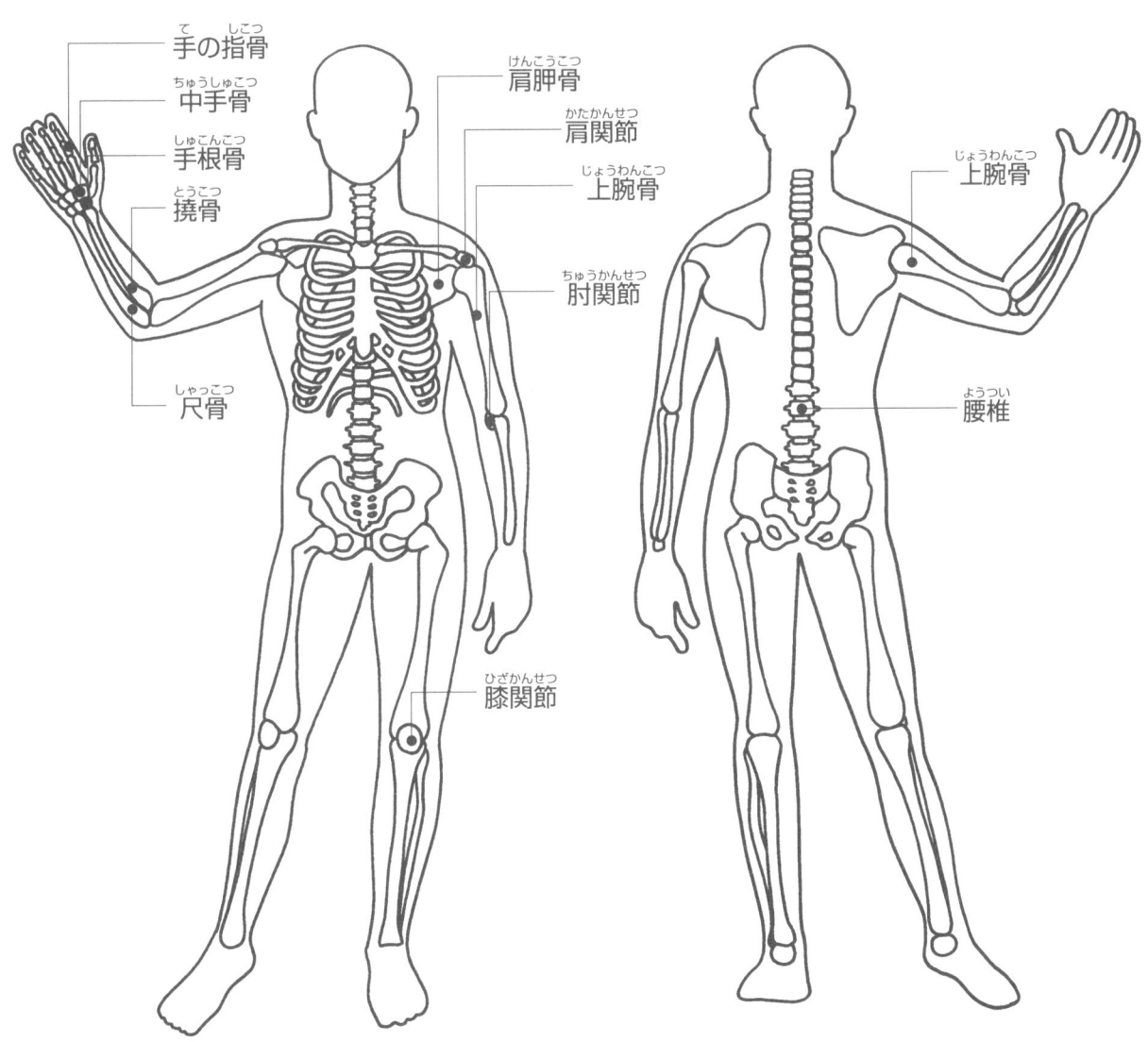

バルーンリハビリ実践編

【ラウンドバルーン・5インチ】を使っての運動

[1] バルーンをつぶしてみよう

目的 指の曲げ伸ばしに必要な関節の運動です。
腕や肩に付いている筋肉の運動です。

① 右手で絵のように、手・腕を机や足の上に置く姿勢をとり、バルーンをつぶします。
　10回、20回、30回と、自分の体調と力に合わせて、ステップアップしましょう。
　左手も同様に行います。

程よい筋肉の疲労感は運動になりますが、関節の痛みがある場合は中止しましょう。

バルーンのつぶし方は、6ページを参考にしましょう。

② 右手でバルーンを持ち、絵のように肘を机や足の上に置く姿勢をとり、バルーンをつぶします。
　10回、20回、30回と、自分の体調と力に合わせてステップアップしましょう。
　左手も同様に行います。

③　右手でバルーンを持ち、絵のように手を肩の位置にして、前方へ腕をまっすぐ伸ばす姿勢をとってバルーンをつぶします。
　　10回、20回、30回と、自分の体調と力に合わせてステップアップしましょう。
　　左手も同様に行います。

④　右手でバルーンを持ち、絵のように手を肩の位置にして、横方向へ腕をまっすぐ伸ばす姿勢をとってバルーンをつぶします。
　　10回、20回、30回と、自分の体調と力に合わせてステップアップしましょう。
　　左手も同様に行います。

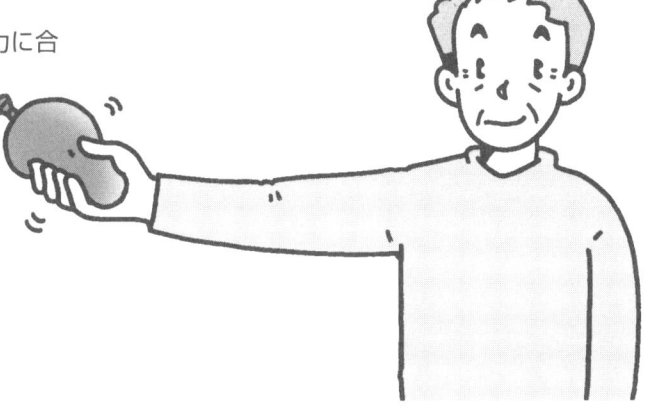

⑤　右手でバルーンを持ち、絵のように手を耳に近づけ、上方向へ腕をまっすぐ伸ばす姿勢をとってバルーンをつぶします。
　　10回、20回、30回と、自分の体調と力に合わせてステップアップしましょう。
　　左手も同様に行います。

[2] バルーンを手でコロコロしよう

目的 指や手首の曲げ伸ばしに必要な関節の運動です。
腰の曲げ伸ばしに必要な関節の運動です。
腕や肩や腰に付いている筋肉の運動です。

① 椅子に座ります。
　右手で絵のようにバルーンを持ち、腰を曲げてバルーンを右足の上に乗せ、手のひらで転がしながら上へ上へと登らせていきます。
　胸の高さまできたら、バルーンを左手に持ち換えます。

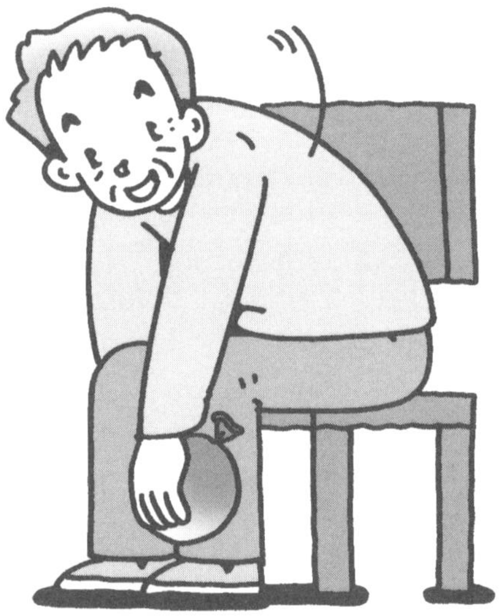

指や手首を使い、少しずつバルーンを動かしましょう。

腰が充分に曲がらない場合は、足を肩幅以上に開いて行ってみましょう。

② 今度は胸から下へ下へ降ろしていき、足の上がゴールです。
　１回、３回、５回と、自分の体調と力に合わせてステップアップしましょう。
　左手も同様に行います。

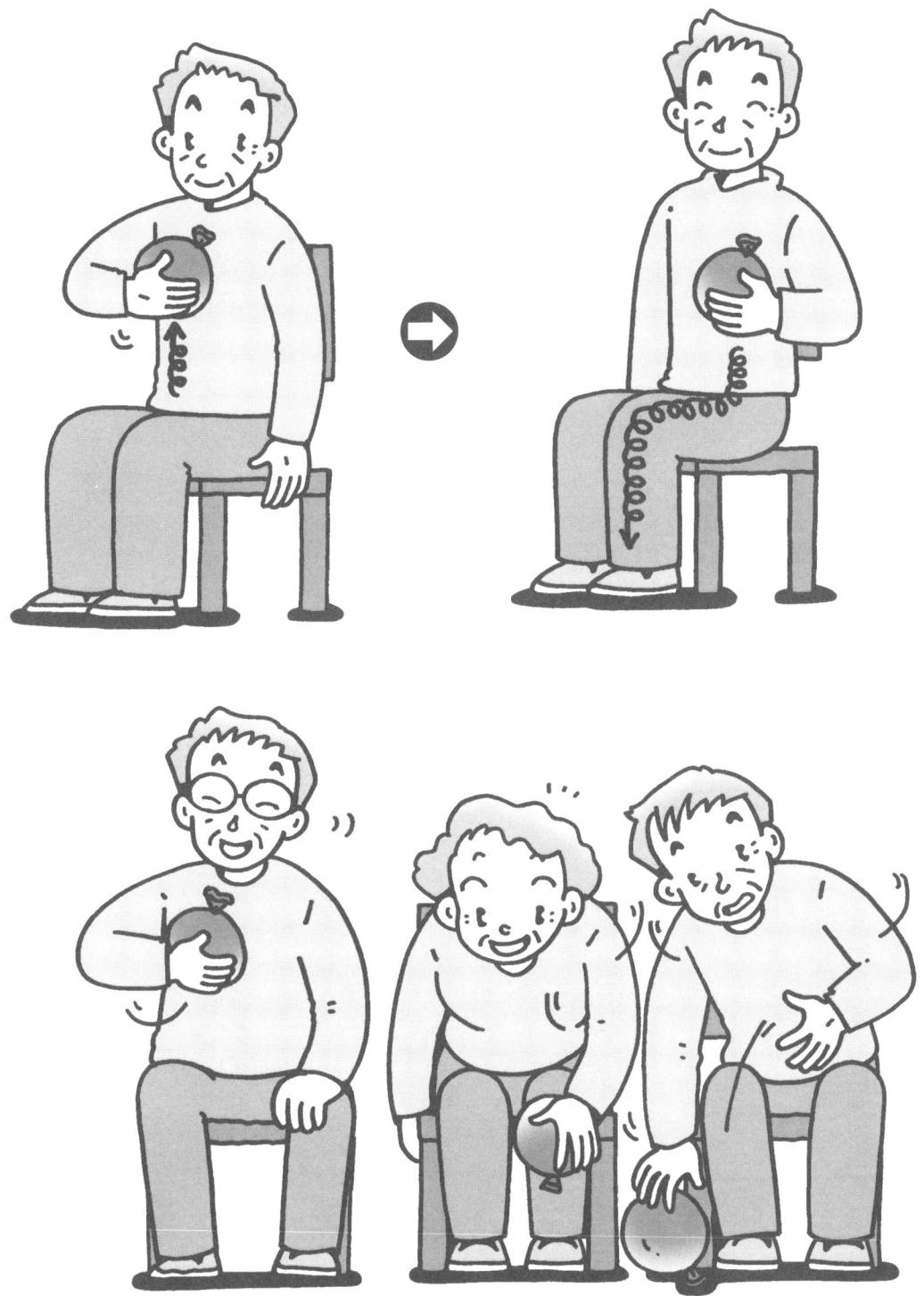

[3] バルーンを膝と膝ではさんでみよう

目的 膝の曲げ伸ばしに必要な関節の運動です。
太もも前面の筋肉の運動です。

① 背筋を伸ばして椅子に座ります。
　バルーンを膝と膝の間にはさみます。そのときにバルーンの結び目を上にしましょう。
　ひょうたん型になるように、膝と膝でバルーンをつぶします。
　10回、20回、30回と、自分の体調と力に合わせてステップアップしましょう。

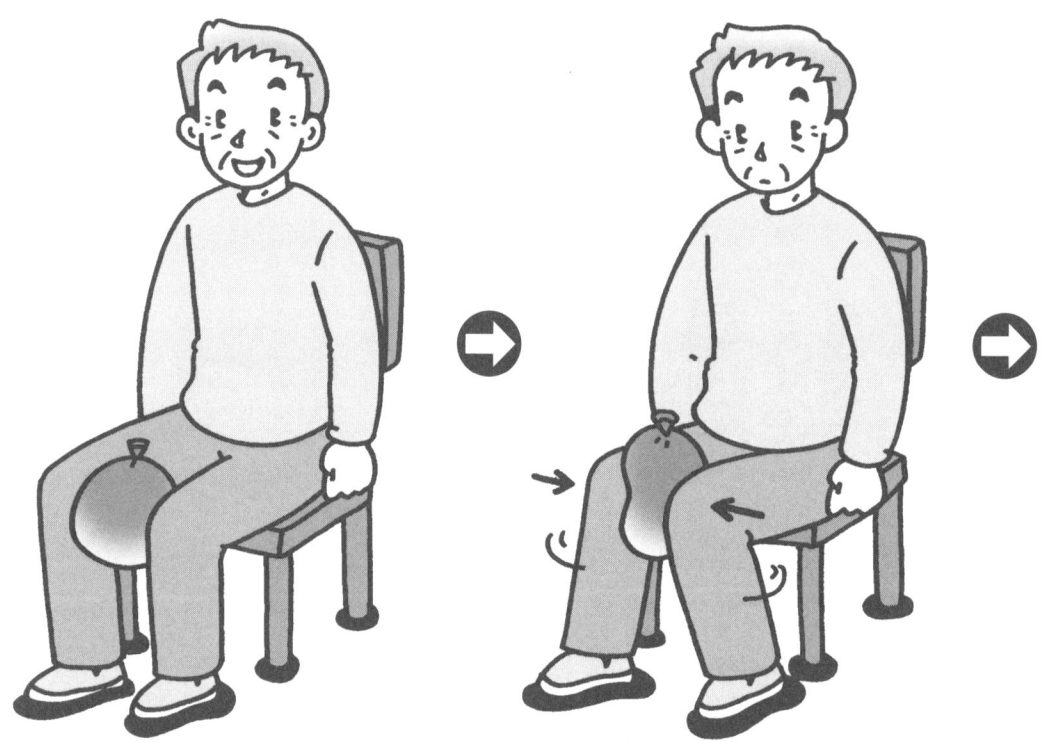

バルーンの結び目を上にすることで割れにくくなります。

バルーンリハビリ実践編

運動後、立ち上がるときは、大腿から足までを軽くたたいて筋肉をほぐしてから立ち上がると「ふらつき・転倒」防止になります。

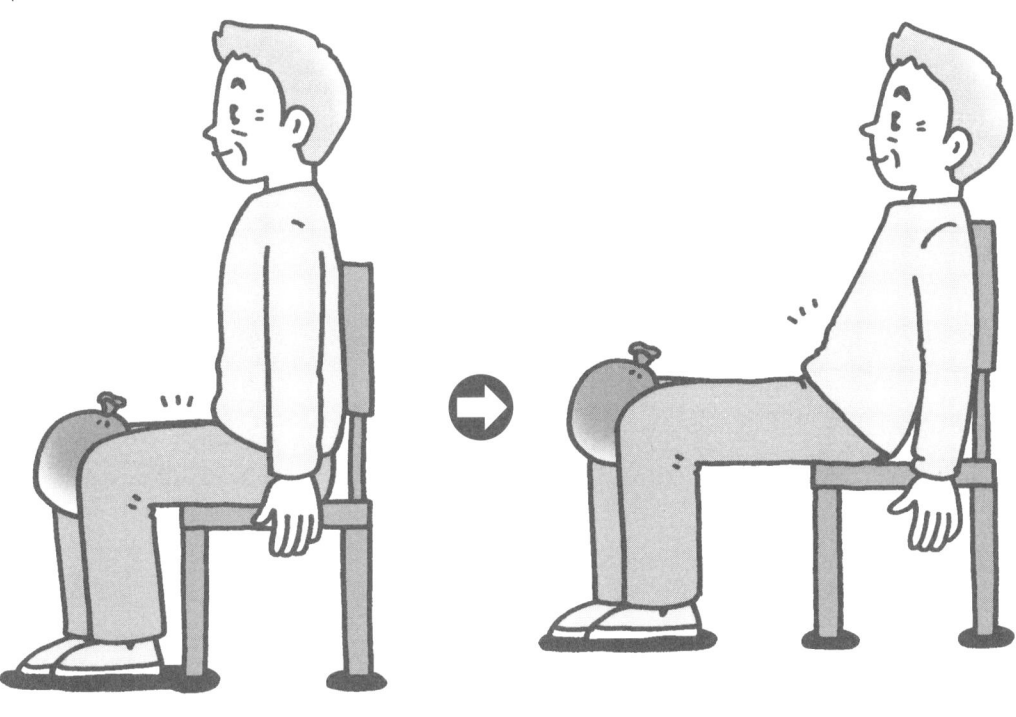

背筋を伸ばすことで、大腿の運動になります。

また、背もたれに寄りかかることで腹筋運動になります。

[4] バルーンを手と手ではさんでみよう

目的 手首や肘や肩の曲げ伸ばしに必要な関節の運動です。
腕や肩や胸に付いている筋肉の運動です。

① 椅子に座ります。
絵のように両手で胸の位置でバルーンを持ち、バルーンが飛んでいかないようにしながらはさみます。

② ひょうたん型になるようにつぶします。

③ 10回、20回、30回と、自分の体調と力に合わせてステップアップしましょう。

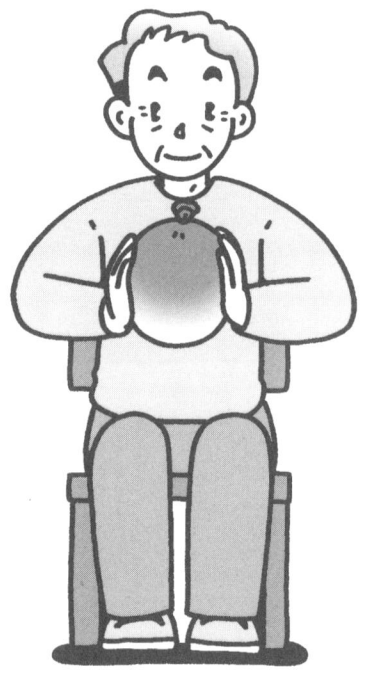

右手と左手の高さや、力を同じに入れることが大切です。

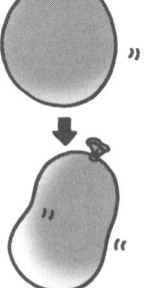

手首に痛みがある場合は、中止しましょう。または、少しバルーンを柔らかくしてから行うとよいでしょう。

バルーンリハビリ実践編

④ 次に、椅子に座り、両手で絵のように、へその位置でバルーンを持ち、バルーンが飛んでいかないようにしながらはさみます。

⑤ ひょうたん型になるようにつぶします。

⑥ 10回、20回、30回と、自分の体調と力に合わせてステップアップしましょう。

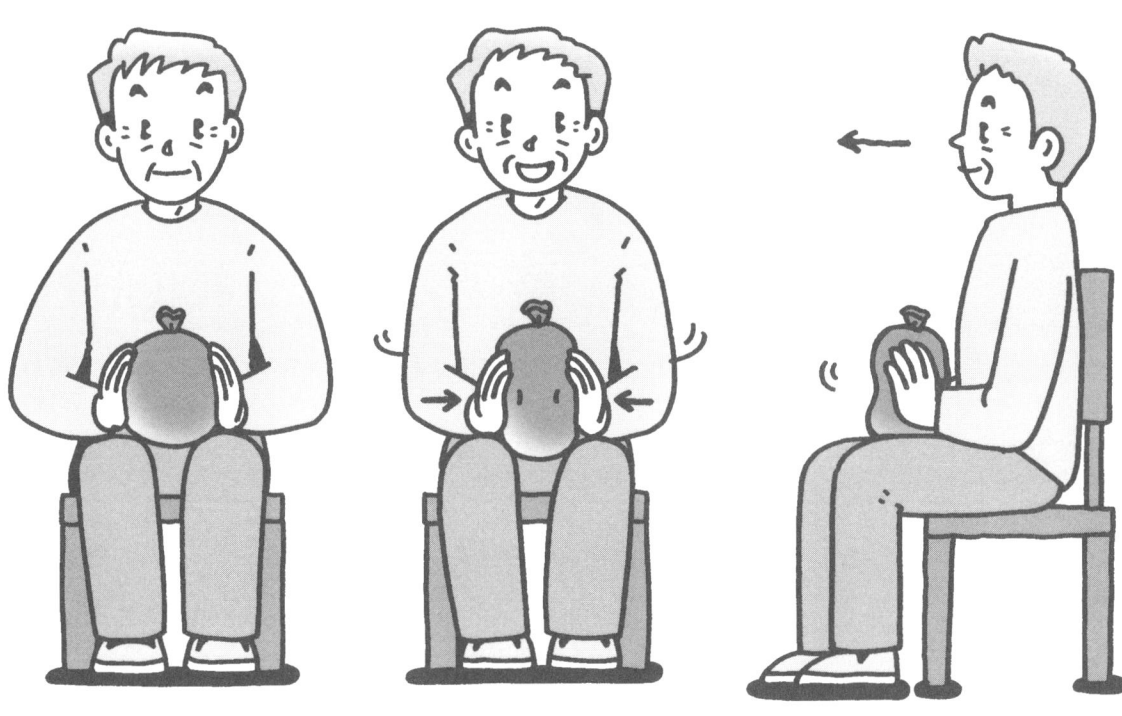

肩の力を抜いて、肩を落とすように集中しましょう。

顔は下を向かずに、前を見て行いましょう。

[5] バルーンを膨らませよう

目的 指の曲げ伸ばしに必要な関節の運動です。
腕に付いている筋肉の運動です。

【結ぶ】

少し空気を抜いて、結ぶ部分を柔らかく伸ばしておくと、楽に結ぶことができます。

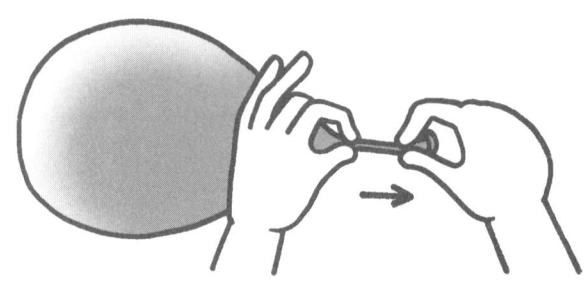

① ポンプとバルーンを準備します。

② 右手でポンプを持ち、左手でバルーンを持ちます。

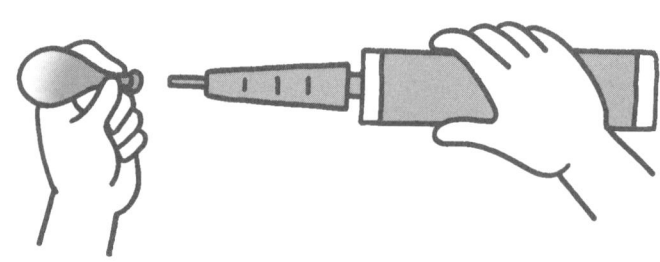

③ ポンプの先端にバルーンをつけますが、1cmほどポンプに差し込み、膨らまします。

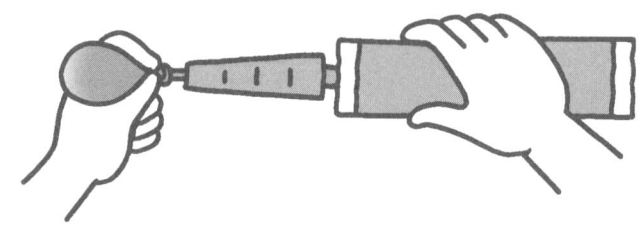

【膨らます】

ラウンドバルーンを使うときは、ポンプで1〜1.5往復、押し引きします。

④　膨らましたバルーンは、飛ばさないように指先を使いながら空気を抜きます。

⑤　その動作を3回繰り返します。

⑥　次に、ポンプを左手で、バルーンを右手で持って、同じことを繰り返します。

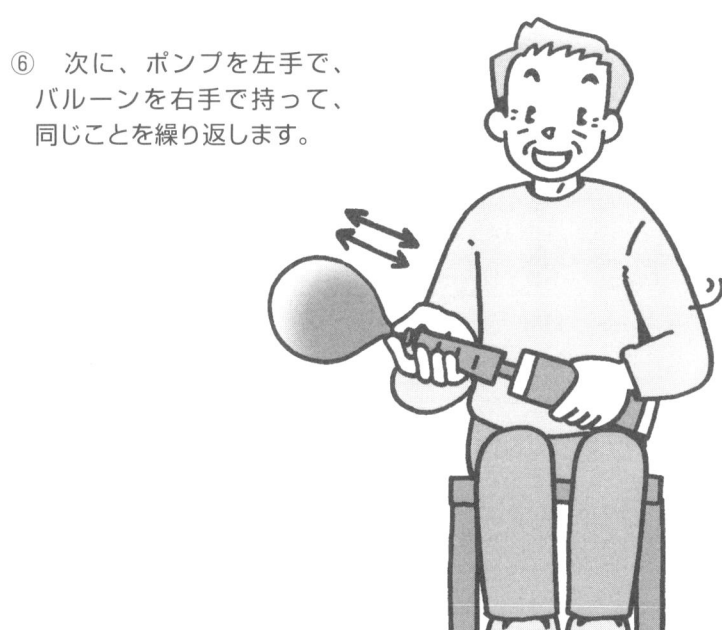

[6] バルーンの空気を維持しよう①

目的 指の曲げ伸ばしに必要な関節の運動です。
腕に付いている筋肉の運動です。

準備 ラウンドバルーン・5インチ（参加人数分）
参加人数：12人〜24人

【膨らます】

ラウンドバルーンを使うときは、ポンプで1〜1.5往復、押し引きします。

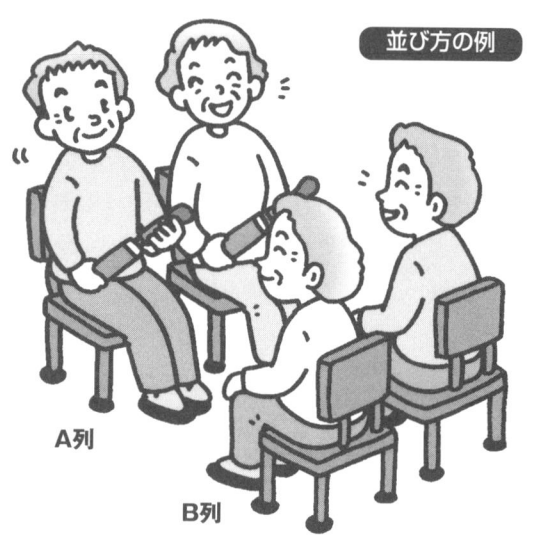
並び方の例

① ポンプとバルーンを準備し、それぞれ、好きな色のバルーンを手にとります。

※選んだカラーの『バルーンカラー♡セラピー』を参考に、心理をみてみましょう。

② まず、A列の人がポンプの先端にバルーンをつけて膨らまします。

バルーンリハビリ実践編

③ 膨らましたバルーンの空気が抜けないように、前に座っている人に渡します。

④ バルーンをもらった人は、再度前の人に返します。

⑤ これを、2〜4往復繰り返します。

指先の力が強い人は、空気がもれません。

はじめの大きさより小さくなることで、指先の力の状態を把握し、測定しましょう。

[7] バルーンの空気を維持しよう②

目的 指の曲げ伸ばしに必要な関節の運動です。
腕に付いている筋肉の運動です。

準備 ラウンドバルーン・5インチ(参加人数分)
参加人数：12人～24人

【膨らます】

ラウンドバルーンを使うときは、ポンプで1～1.5往復、押し引きします。

① ポンプとバルーンを準備し、それぞれ好きな色のバルーンを手にとります。

② まず、A列の人がポンプの先端にバルーンをつけて膨らまします。

> ここでは、待つ側のB列の人の指の運動量が多くなります。バルーンの空気が、漏れる方も多いため、指導員は状態に合わせて空気を入れなおしてあげましょう。

③ 膨らましたバルーンの空気が抜けないように、前に座っている人に渡します。

④ さらにA列の人は、2個目のバルーンを膨らまし、前に座っている人に渡します。

⑤ B列の人は、両手にバルーンを持つことになります。

⑥ そこでA列の人は、1つだけ戻してもらい、そのバルーンの口を結びます。

⑦ 同時にB列の人も、持っているバルーンの口を結びます。

⑧ これをA列・B列交代で行います。

[8] バルーンを使って足を動かそう①

目的 足全体の筋肉を使ったり、足首の柔軟運動をします。

準備 ラウンドバルーン・5インチ（参加人数分）
参加人数：12人～24人

① 絵のように、対面式に並びます。

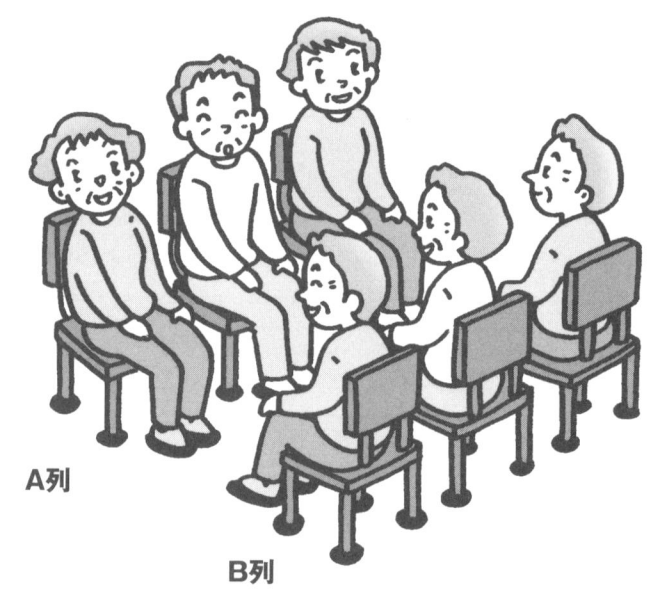

② A列の人の足に、5インチのバルーンをはさみます。

③ A列の人は、正面の人に足渡しでバルーンを渡します。

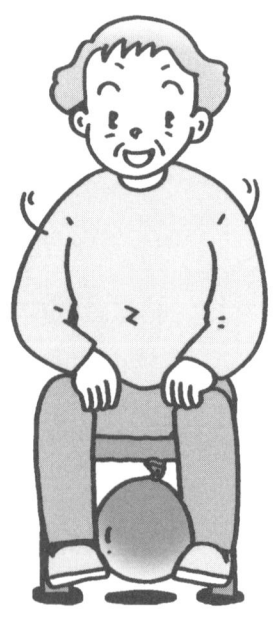
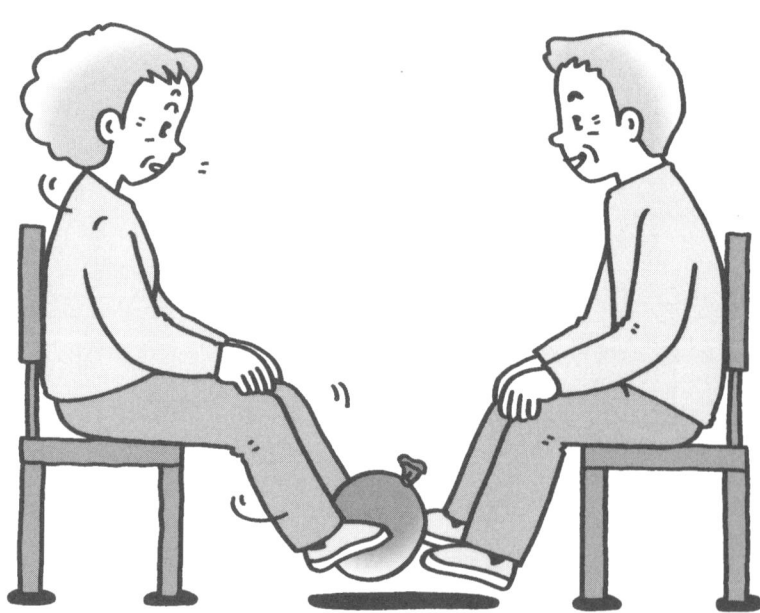

バルーンリハビリ実践編

④ B列の人は、足でそのバルーンを受けます。

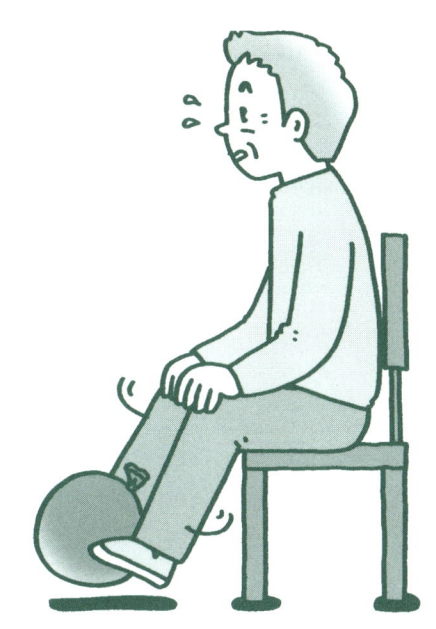

> 両足でバルーンを挟む際に、太ももの筋肉や腰の筋肉を使いますので、無理をしないようにしましょう。

⑤ ○列の人に足渡しします。

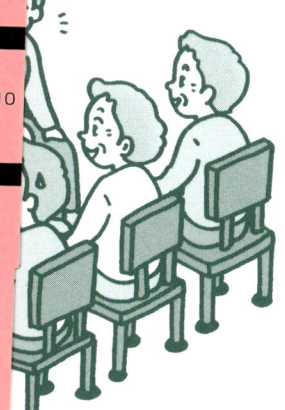

⑥ 受けたA列の人は、左前の人に足渡しします。

○返して

> 3回以上行うことで、時間をカウントして、次回のリハビリにつなげていきましょう。

[9] バルーンを使って足を動かそう②

目的 足全体の筋肉を使ったり、足首の柔軟運動をします。

準備 ラウンドバルーン・5インチ(参加人数分)
参加人数:12人~24人

① 絵のように、対面式に並びます。

② A列の人とB列の人の足に5インチのバルーンをはさみます。

バルーンリハビリ実践編

③ 掛け声と同時に、バルーンを隣の人へ『ゴールに向かって』足渡しで送っていきます。

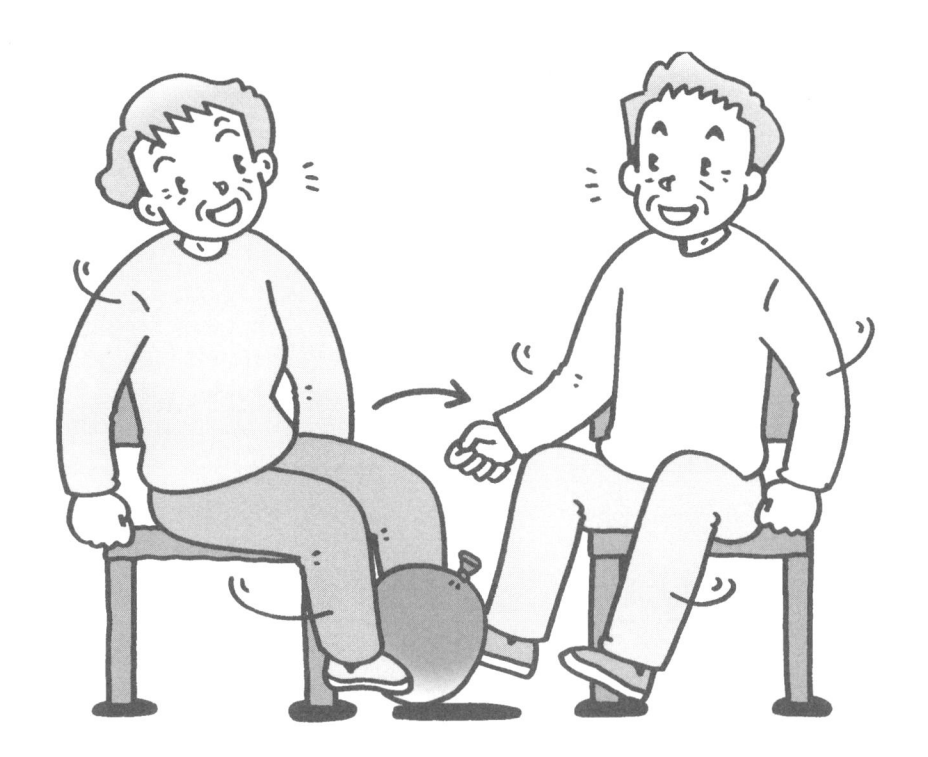

> 足から足で隣に送る際は、多少隣同士の席が空いているほうが足が伸びて送りやすいです。

> 足の曲げ伸ばし運動が容易にできる人には、席を離す必要はありません。

> 足がよく曲がるために、隣の人に渡すのが簡単になります。ですから、あえて席を離さずに、足を曲げさせる運動をしたほうが効果的な運動ができます。

がんばって〜！

【ラウンドバルーン・9インチ】を使っての運動

［1］ バルーンを膝と膝ではさんでみよう

目的 膝の曲げ伸ばしに必要な関節の運動です。
太もも前面の筋肉の運動です。

① 背筋を伸ばして椅子に座ります。
バルーンを膝と膝の間にはさみます。そのときに結び目を上にしましょう。

② ひょうたん型になるように、膝と膝でバルーンをつぶします。

③ 10回、20回、30回と、自分の体調と力に合わせてステップアップしましょう。

バルーンの結び目を上にすることで、割れにくくなります。

背筋を伸ばすことで、大腿の運動になります。

バルーンリハビリ実践編

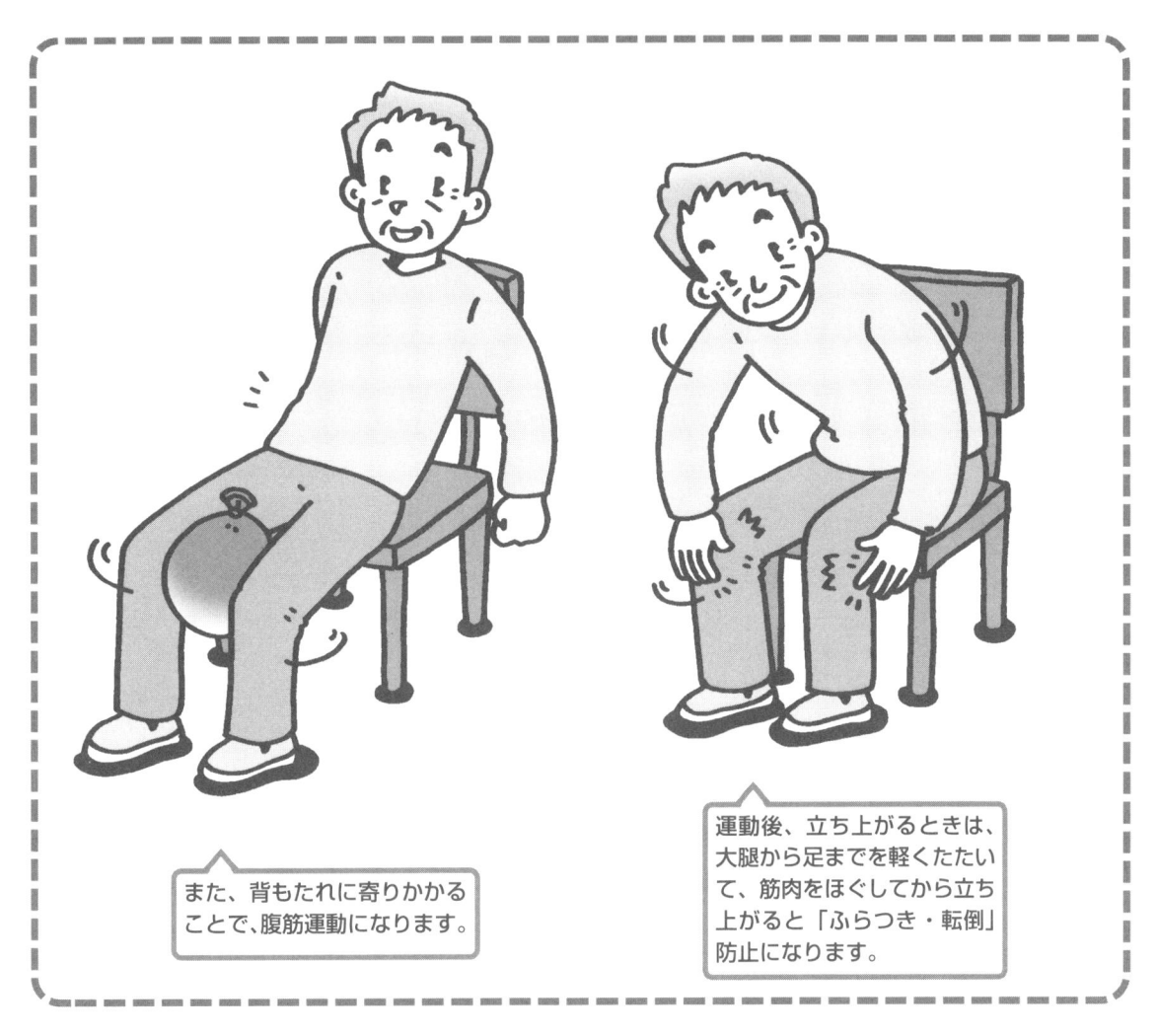

また、背もたれに寄りかかることで、腹筋運動になります。

運動後、立ち上がるときは、大腿から足までを軽くたたいて、筋肉をほぐしてから立ち上がると「ふらつき・転倒」防止になります。

やってみましょう！

[2] バルーンを膝の裏ではさんでみよう…座位

目的 膝の曲げ伸ばしに必要な関節の運動です。
太もも前面と足全体の筋肉の運動です。

① 背筋を伸ばして椅子に座ります。
　バルーンを右膝の裏にはさみます。

② 両手で足を抱えこむような姿勢をとり、バルーンはひょうたん型になるように、膝の裏でつぶします。

③ 10回、20回、30回と、自分の体調と力に合わせてステップアップしましょう。

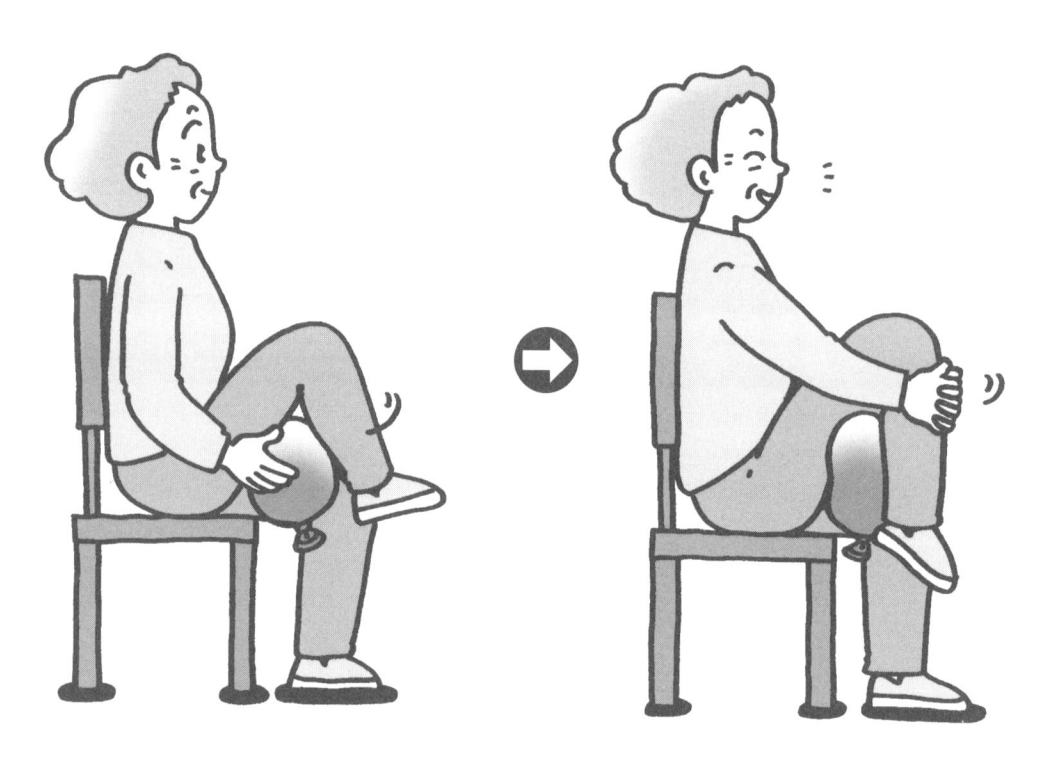

> バルーンの結び目を下にすることで、割れにくくなります。

> バルーンはふくらはぎ部分ではさみましょう。

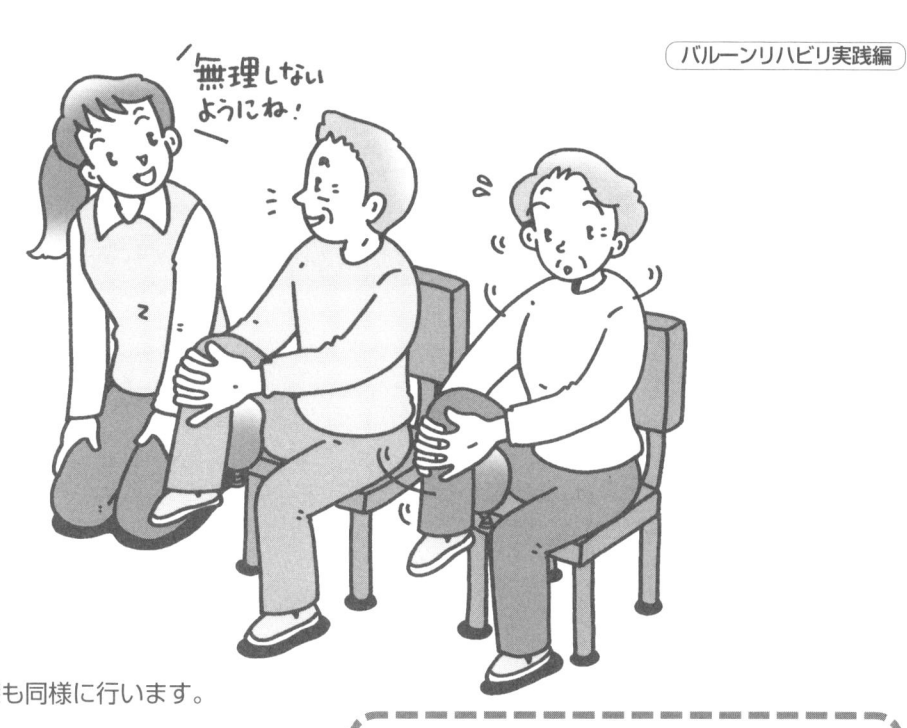

④ 左膝も同様に行います。

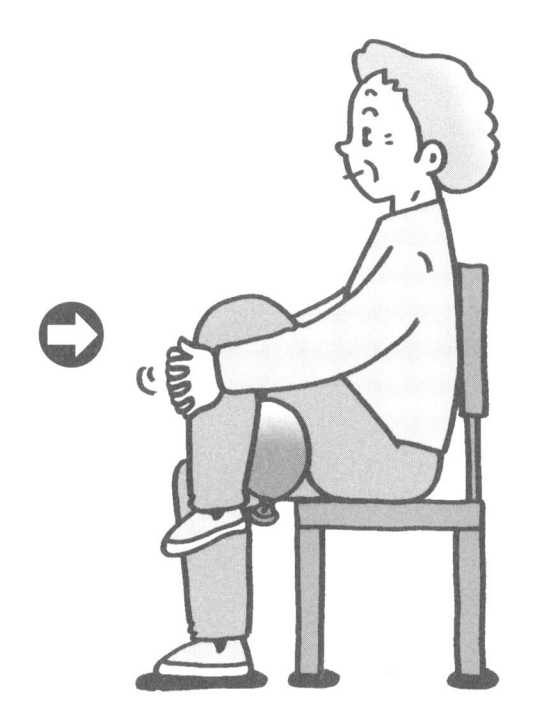

腰の具合で、背筋を曲げて行ってもいいでしょう。

[3] バルーンを膝の裏ではさんでみよう…臥位

目的 指から肩、肩甲骨や首の曲げ伸ばしに必要な関節の運動です。
膝や股の関節の運動です。
腹の筋肉の運動です。

① 背筋を伸ばして仰向けに寝ます。
　バルーンを右膝の裏にはさみます。

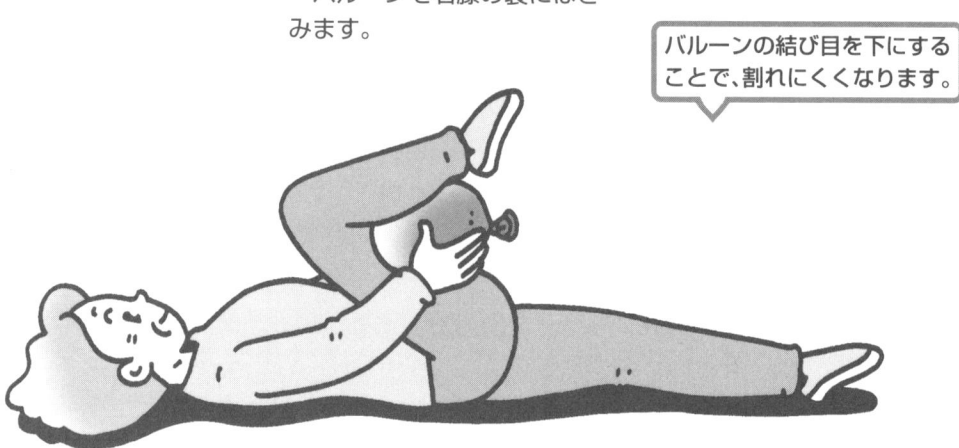

> バルーンの結び目を下にすることで、割れにくくなります。

② 両手で足を抱えこむような姿勢をとり、バルーンはひょうたん型になるように、膝の裏でつぶします。

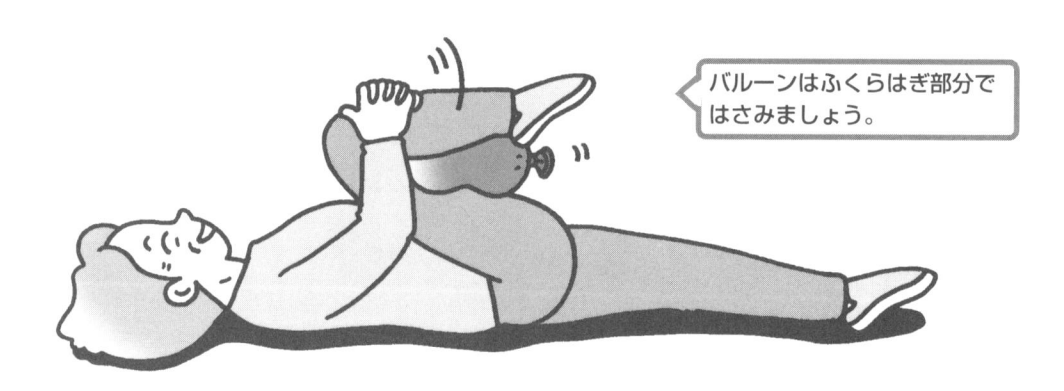

> バルーンはふくらはぎ部分ではさみましょう。

③ 10回、20回、30回と、自分の体調と力に合わせてステップアップしましょう。

では、左足で
やってみましょう！

④　左膝も同様に行います。

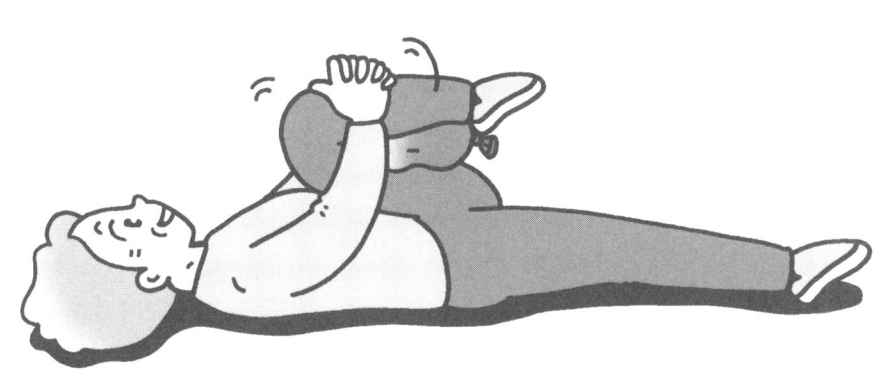

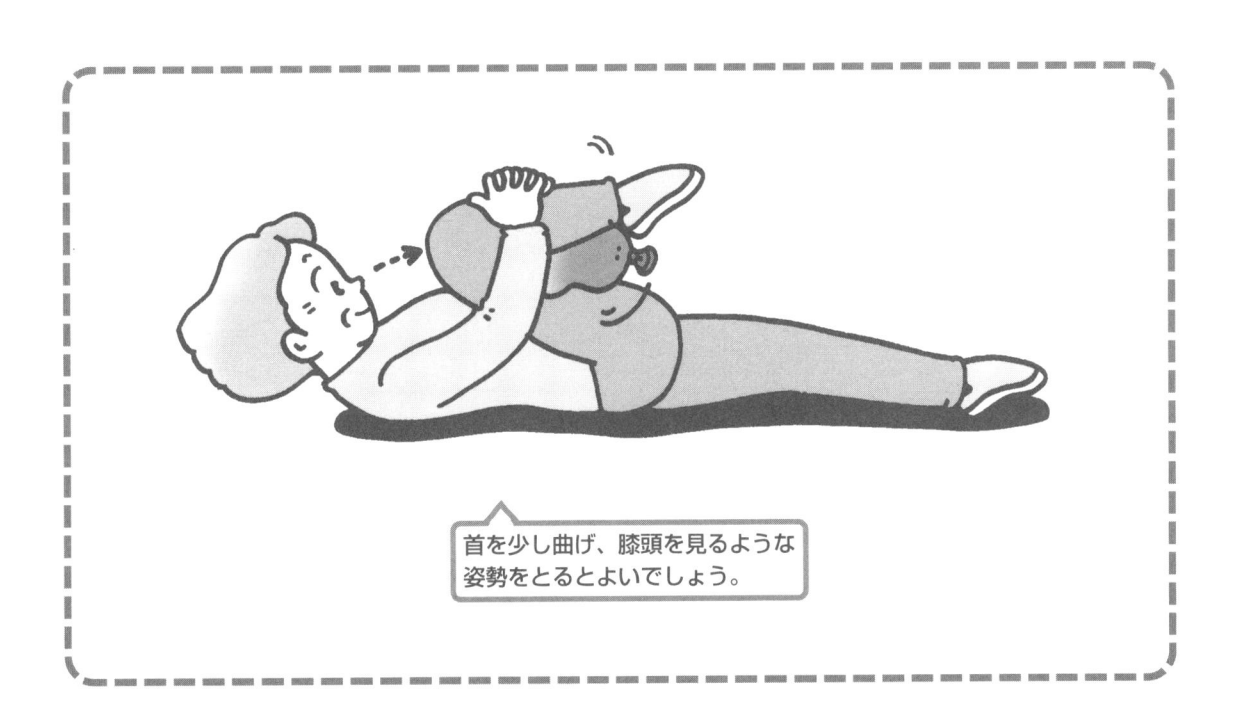

首を少し曲げ、膝頭を見るような姿勢をとるとよいでしょう。

[4] ポンポンバルーンを使って体を動かそう

目的 これから始める運動のための柔軟です。
まず、バルーンに触れること。

準備 ラウンドバルーン・9インチ…12個（1つのポンポンは、バルーン6個使用）
参加人数：12人～24人

ポンポンバルーンのつくり方

① バルーン6個を膨らまし、2個組みバルーンを3セットつくります。

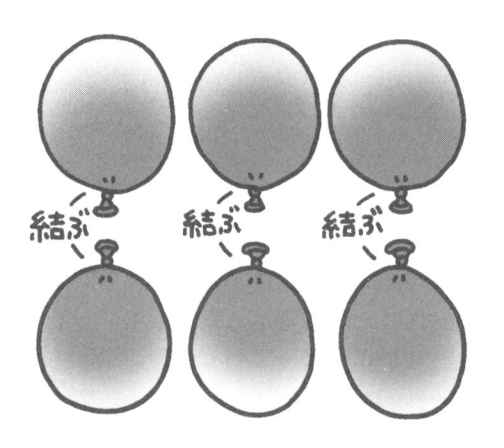

② まず、2組みのバルーンを絵のようにからませます。

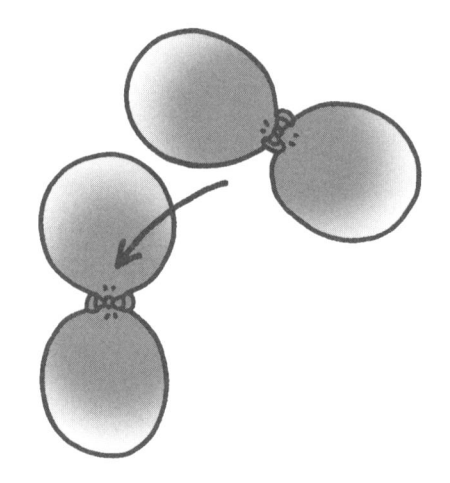

③ 残りの1組みを②でつくったバルーンにからませます。

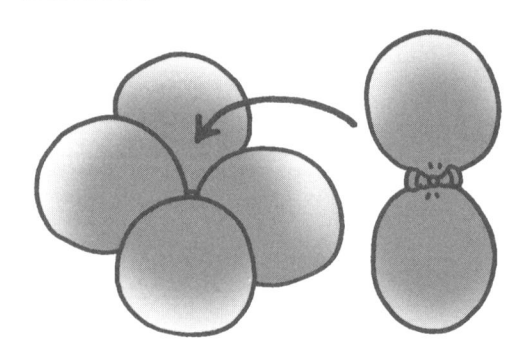

④ これで、ポンポンバルーンのできあがり。

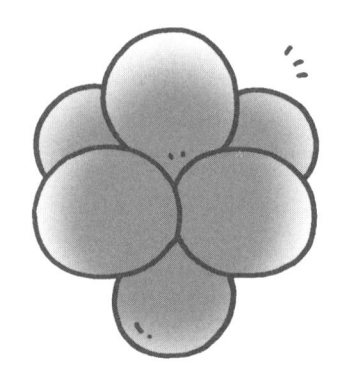

郵便はがき

1028790

料金受取人払い

麹町局承認

6174

差出有効期間
平成20年6月
30日まで
(切手は不要です)

102

東京都千代田区
飯田橋2-4-10 加島ビル

いかだ社
「読者サービス係」行

ふりがな お名前	男 ・ 女	生年月日　　年　　月　　日
ご職業		電話

〒

ご住所

メールアドレス

お買い求めの書店名	ご購読の新聞名・雑誌名

本書を何によって知りましたか（○印をつけて下さい）
1．広告を見て（新聞・雑誌名　　　　　　　　　　　　　　　　　）
2．書評、新刊紹介（掲載紙誌名　　　　　　　　　　　　　　　　）
3．書店の店頭で　　4．人からすすめられて　　5．小社からの案内
6．その他（　　　　　　　　　　　　　　　　　　　　　　　　　）

このカードは今後の出版企画の貴重な資料として参考にさせていただきます。
ぜひご返信下さい。

読者カード

本書の書名

本書についてのご意見・ご感想

出版をご希望されるテーマ・著者

●新刊案内の送付をご希望ですか(○印をつけて下さい)

　　　　　希望　　　　　不要

●ご希望の新刊案内のジャンルをお教え下さい(○印をつけて下さい)

　教育書　保育書　児童書　その他(　　　　　)　全てのジャンル

ご協力ありがとうございました。

バルーンリハビリ実践編

① 絵のように並び、A列、B列ともに、先頭から奥の方向にポンポンバルーンを送ります。

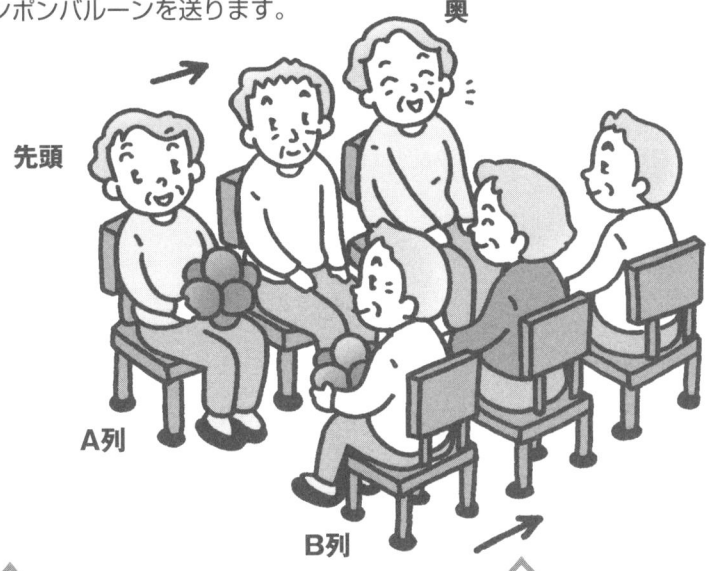

> ポンポンは膝から膝へ送ります。決して飛ばさないようにしましょう。

> ふぞろいなバルーンを組み合わせているため、とても持ちにくくなっていますが、そこが指先の運動になります。

② 次に、奥から先頭まで逆に送りゴールさせます。これを3回繰り返します。

③ 次は、奥から先頭に向けて、逆の順序で3回繰り返します。

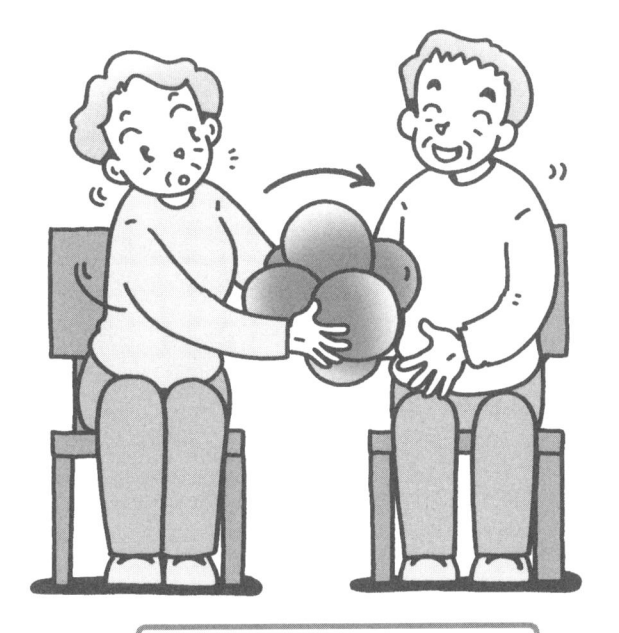

> 一連の動きを繰り返すことで、参加者はレース・競技を行っているような感覚になります。
> ですから、最初は「ゆっくりまわしましょう」という言葉かけで始めます。

> 向かい合うことにより、さらに競争心が起きてくるようで、最後はポンポンレースになっています。

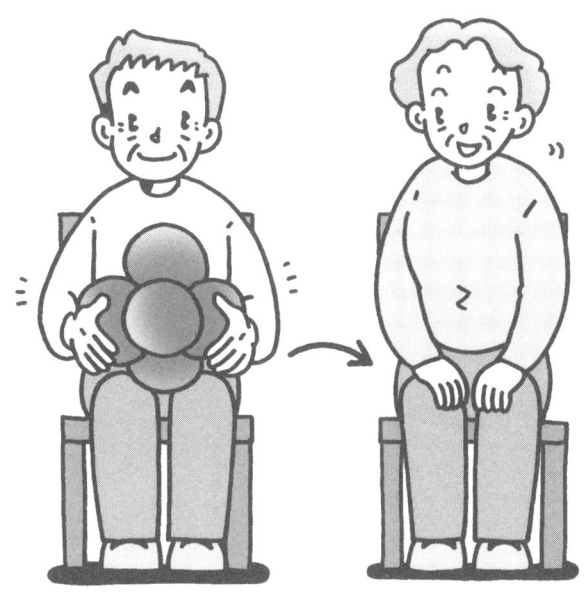

【ツイストバルーン・260サイズ】を使っての運動

[1] 260を輪にして体を動かそう

目的 腕や腰の上下左右の伸び縮みの運動です。

準備 260バルーン　2本（1列1本）
参加人数：12人～24人

① 絵のように、まず結び目を下にして輪を持ちます。

② 輪を前に2回、膝へ2回カウントします。

【掛け声】
『まえ　まえ　ひざ　ひざ』
（いちにい　いちにい　のリズム）

③ 輪を上に2回、膝へ2回カウントします。
【掛け声】
『うえ うえ ひざ ひざ』

④ 輪を右に2回、膝へ2回カウントします。
【掛け声】
『みぎ みぎ ひざ ひざ』

⑤ 輪を左に2回、膝へ2回カウントします。
【掛け声】
『ひだり ひだり ひざ ひざ』

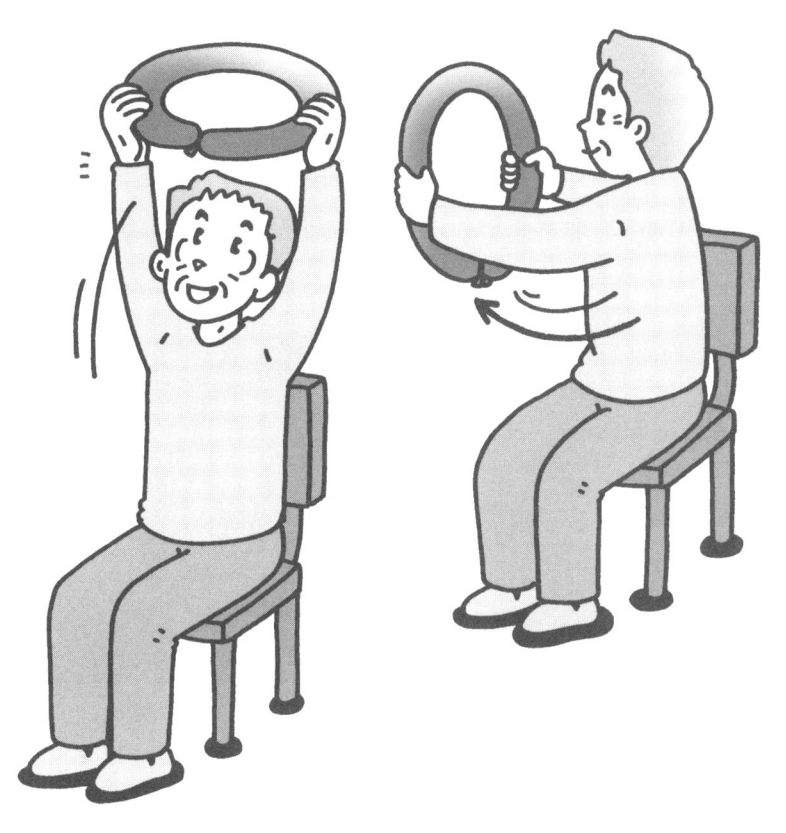

⑥ 輪を下に2回、膝へ2回カウントします。
【掛け声】
『した した ひざ ひざ』

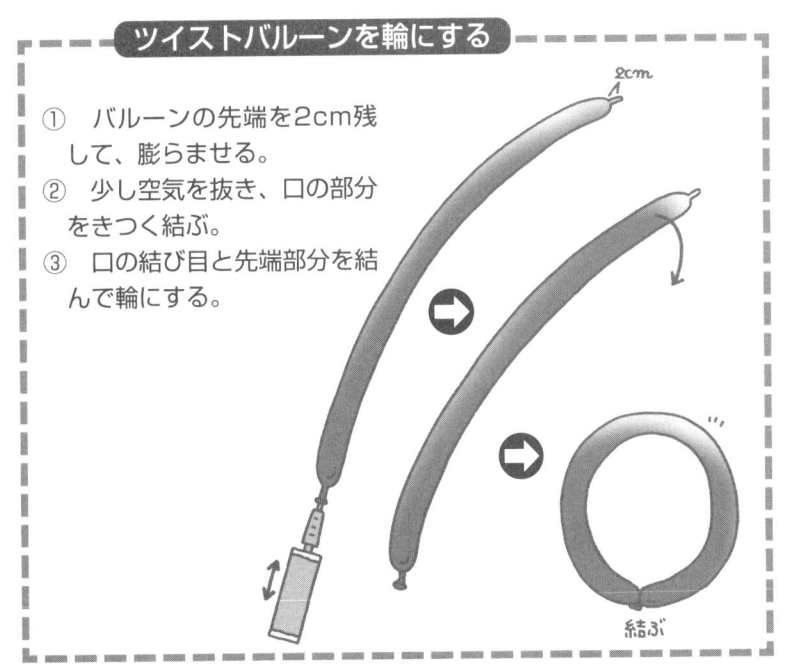

⑦ ②～⑥を、3回繰り返して行います。

ツイストバルーンを輪にする

① バルーンの先端を2cm残して、膨らませる。
② 少し空気を抜き、口の部分をきつく結ぶ。
③ 口の結び目と先端部分を結んで輪にする。

[2] 260を輪にして体を動かそう…1本

目的 リズム感を養うことで体を動かします。
指先を使って脳に刺激を起こします。

準備 260バルーン　2本（1列1本）
参加人数：12人～24人

① 絵のように並び、A列・B列の先頭の人にバルーンを渡します。

② 指導員の「かけて」というかけ声に合わせて、自分の首にバルーンをかけます。

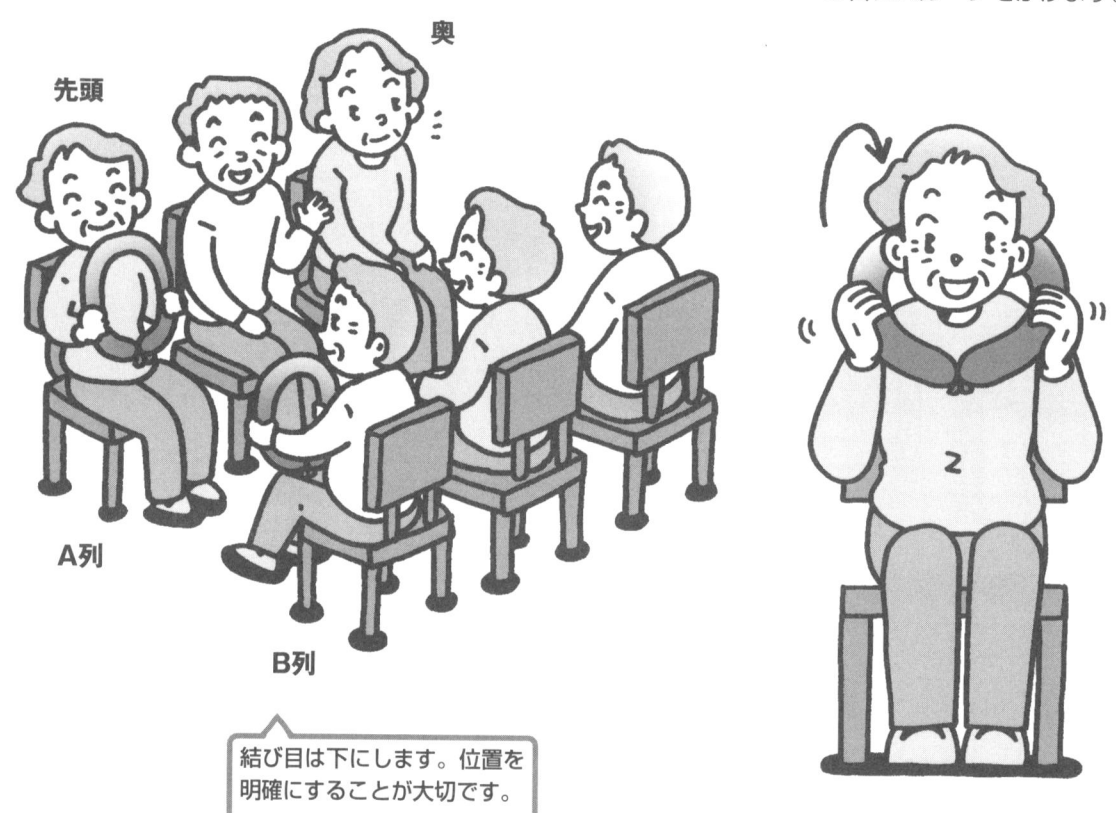

結び目は下にします。位置を明確にすることが大切です。

バルーンリハビリ実践編

③ 指導員の「はずして」というかけ声に合わせて、首にかけたバルーンをはずします。

④ 指導員の「となり」というかけ声に合わせて、バルーンを隣の人の首にかけます。

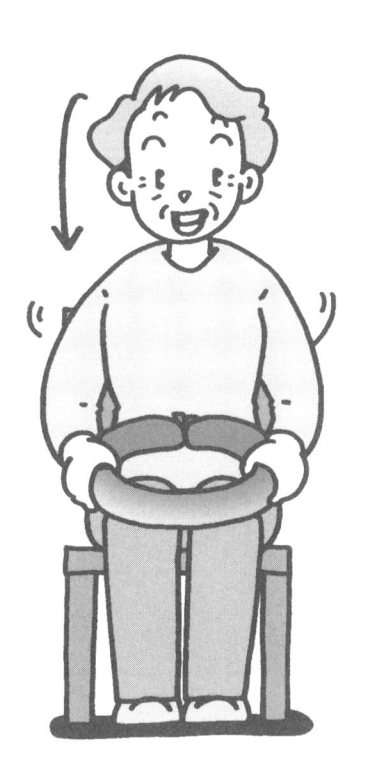

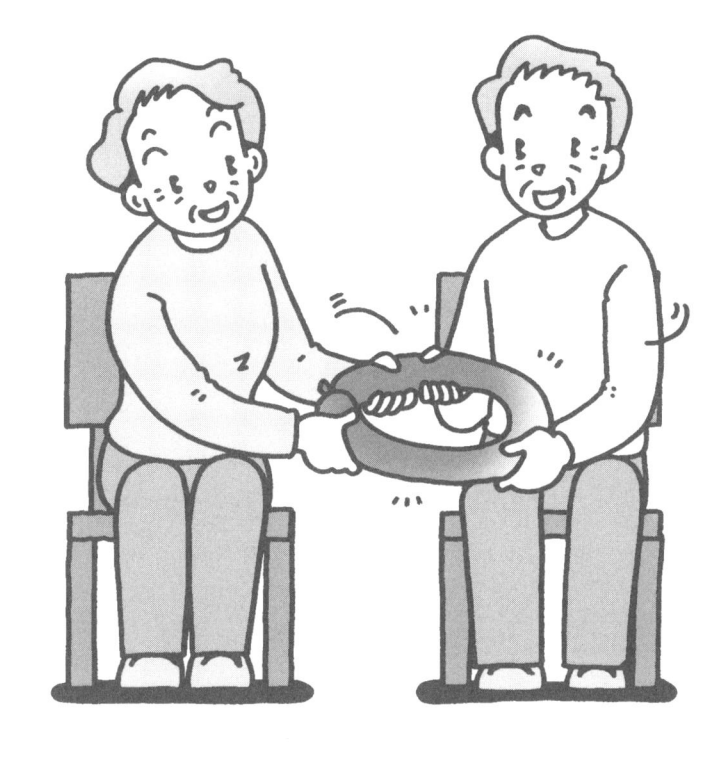

⑤ 同じように、列の最後の人まで繰り返します。

⑥ 次に、奥から先頭の人に向けて、逆の順序で同じように3回繰り返します。

今度は前に向けて送ってね！

49

[3] 260を輪にして体を動かそう…3本

目的 リズム感を養いながら体を動かします。
指先を使って脳に刺激を与えます。

準備 260バルーン　5本（1列3本）
参加人数：12人～24人

① 絵のように並び、A列・B列の先頭の人にバルーンを3本渡します。

② 指導員の「かけて」というかけ声に合わせて、バルーンを3本重ねて自分の首にかけます。

奥
先頭
A列
B列

結び目は下に向けます。位置を明確にしましょう。
3本を持つことは難しいので、指導員は様子をみながら手助けをしてあげましょう。

バルーンリハビリ実践編

③ 指導員の「はずして」というかけ声に合わせて、首にかけたバルーンをはずします。

④ 指導員の「となり」というかけ声に合わせて、バルーンを隣の人の首にかけます。

⑤ 同じように、列の最後の人まで繰り返します。

⑥ 次に、奥から先頭の人に向けて、逆の順序で同じように3回繰り返します。

[4] 260を輪にして、色別起立運動をしよう

目的 色を見分けてみましょう。
立ったり座ったりする運動を行います。

準備 260バルーン（参加人数分）
参加人数：12人～24人

① 絵のように並び、A列、B列の両者にバルーンを渡し、首にかけます。
　A列に3色、B列に3色を1人1本ずつバラバラに配ります。

> バルーンの色は偶数色（ここでは6色）赤・オレンジ・黄・ピンク・水色・緑を使用します。
> 微妙に色の区別が難しくなってきている年齢であるため、色彩の確認もできます。

> A列B列の間は、自分の肩幅くらいの間隔が必要です。

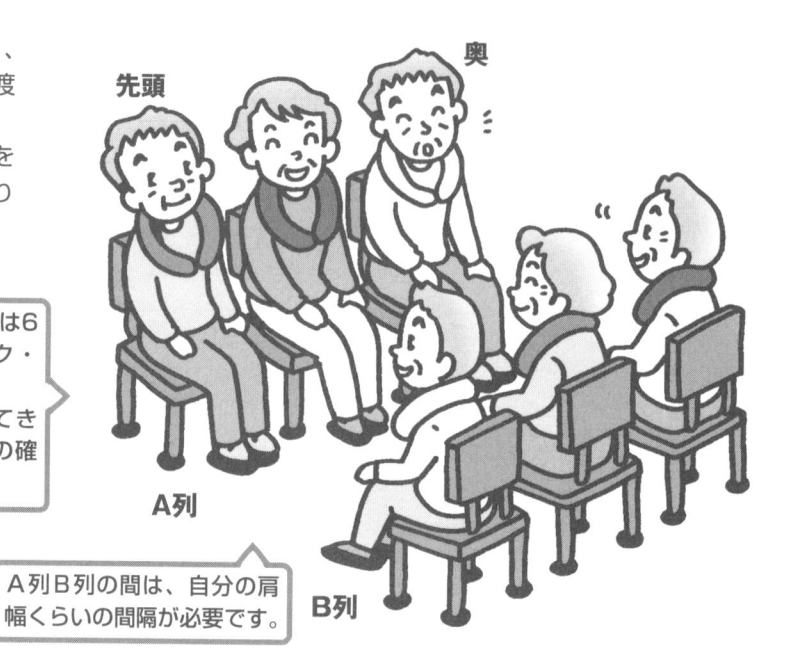

② 指導員がA列B列の間に立ち、「赤」というように色を指定します。

> 高齢者の起立「立ち座り」は、歳を重ねるたびに困難になっていきます。
> そこで、このように「予告なしに立ち上がる」という動作は、機敏さと迅速性の能力の必要性も求められ、良い刺激になります。

バルーンリハビリ実践編

③ 「赤」バルーンを首にかけている人が、起立します。

④ 次に「緑」と指定した場合、「緑」バルーンを首にかけている人が起立し、「赤」バルーンを首にかけている人が着席します。

⑤ これをアトランダムに繰り返します。

> 色の言葉がけは「全部」という指示の仕方もあります。
> みんなが一斉に立ち上がるような指示も組み入れてみましょう。

[5] 260を輪にして、色別で首かけ運動をしよう

目的 色を見分けてみましょう。
上半身を倒したり、起こしたりする運動を行います。

準備 260バルーン（参加人数分）
参加人数：12人～24人

① 絵のように並び、A列、B列の両者にバルーンを渡し、首にかけます。
　A列に3色、B列に3色を1人1本ずつをバラバラに配ります。

> バルーンの色は偶数色（ここでは6色）。赤・オレンジ・黄・ピンク・水色・緑を使用します。
> 微妙に色の区別が難しくなってきている年齢のため、色彩の確認もできます。

> A列B列の間は、自分の肩幅くらいの間隔が必要です。

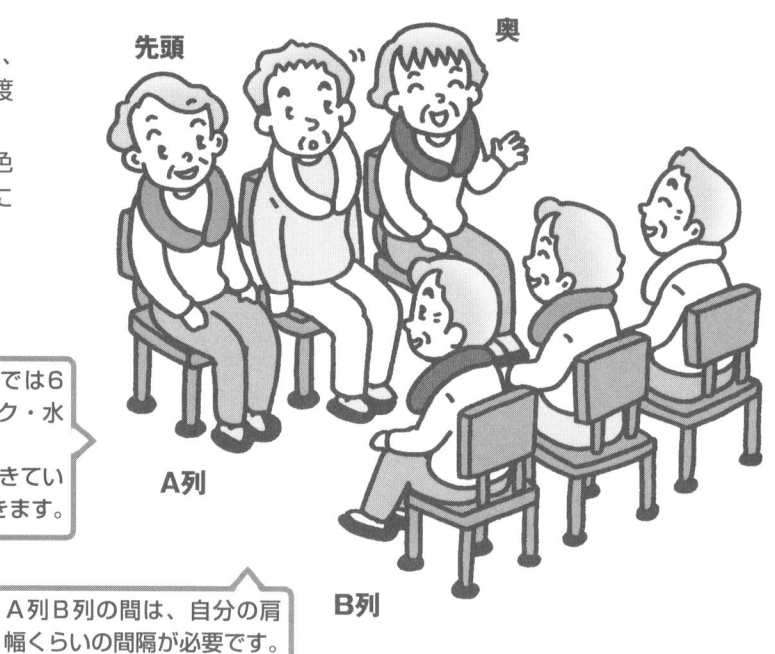

② 指導員がA列B列の間に立ち、「赤」というように色を指定します。

バルーンリハビリ実践編

③ 「赤」バルーンを首にかけている人が、前方に座っている人の首にバルーンをかけます。

このとき、バルーンは両手で持ち、肘を伸ばして相手の首まで届くように、腰を折るようにすすめます。

④ 次に「緑」と指定した場合、「緑」バルーンを首にかけている人が、前方に座っている人の首にバルーンをかけます。

⑤ この指示を繰り返します。

バルーンが首に2本〜3本かかっている人が出てきてもかまいません。

バルーンを受ける人は、自分から首を前に出さずに、直立の姿勢で待つことが大切です。

色の指示方法は、『赤と緑と黄色』というような複数指示もあります。みんなが一斉にバルーンを交換する動作も組み入れてみましょう。

[6] 260を輪にして、首かけ背屈運動をしよう

目的 上半身を後ろにのけぞらせる運動です。
腕の曲げ伸ばしや肩の関節の運動を行います。

準備 260バルーン（参加人数分）
参加人数：12人～24人

① 絵のように並び、A列、B列の両者にバルーンを渡して、首にかけます。

> バルーンの色は自由に配ってかまいません。

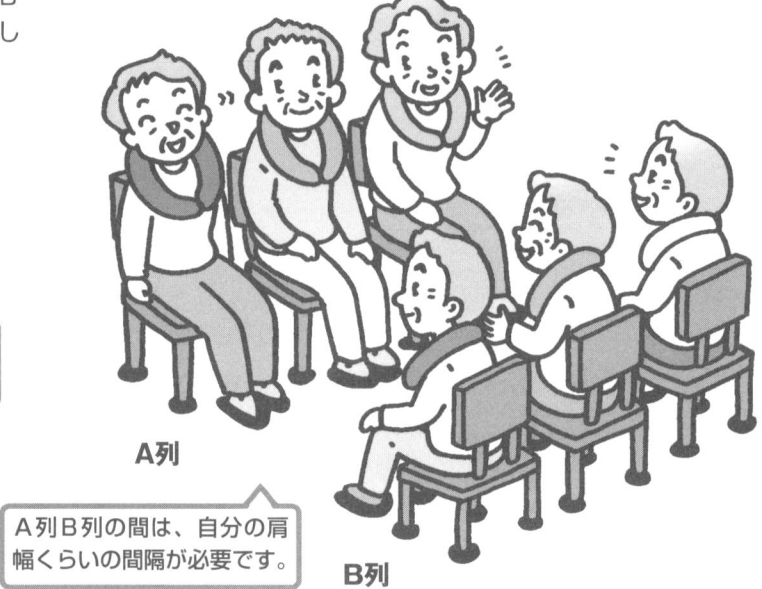

A列

> A列B列の間は、自分の肩幅くらいの間隔が必要です。

B列

② 指導員が、A列B列の先頭（リーダー）の後方に立ちます。

> はじめに、リーダー・サブリーダーを決めておきましょう。

> 後方に立つ指導員は、対象者の状態を見ながらつかず・離れずの位置を選択し、時間を重ねるごとに、遠くに立つようにしていくと効果があります。

リーダー
サブリーダー

A列
B列

バルーンリハビリ実践編

③ 「よーい、ドン」でリーダーから順番に、後方に立つ指導員の首にバルーンをかけます。

「よーい・ドン」の合図は、5インチバルーンを高くかかげて割ってもよいでしょう。

バルーンの割れる音が嫌いな人でも、スタートの合図に使うことによって、だんだんと慣れてくるでしょう。

④ 指導員は動いて、隣の人の後方に立ちます。

⑤ サブリーダー（最後尾）のところまで行います。

⑥ 最後まで行ったら、指導員がバルーンを全部持ったまま先頭にもどり、ゴールになります。

57

[7] 260を輪にして、首かけ前屈運動をしよう

目的 お辞儀するように上半身を下に向ける運動です。
腕の曲げ伸ばしや肩の関節の運動を行います。

準備 260バルーン（参加人数分）
参加人数：12人〜24人

① 絵のように並び、A列、B列の両者にバルーンを渡して、首にかけます。

> バルーンの色は自由に配ってかまいません。

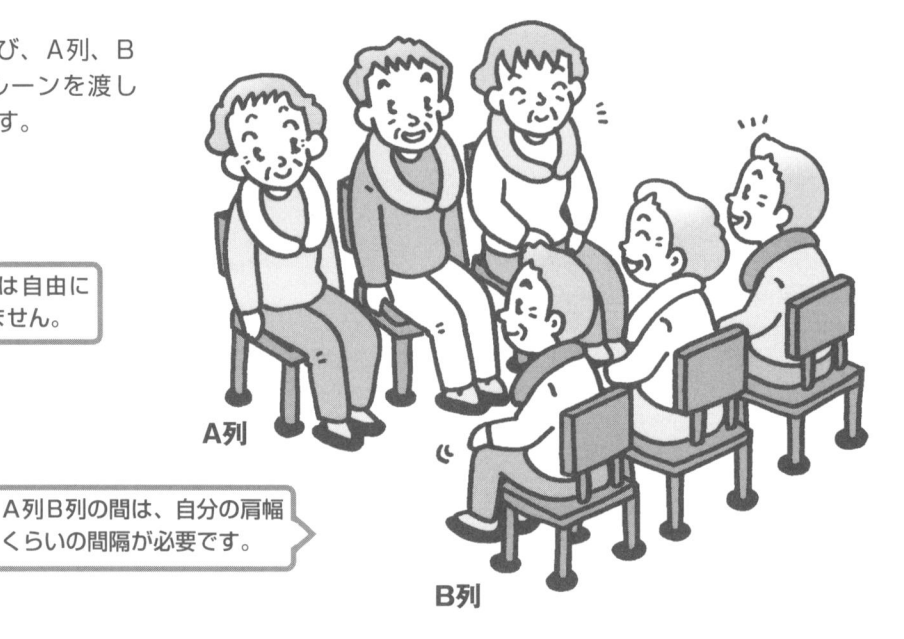

A列

> A列B列の間は、自分の肩幅くらいの間隔が必要です。

B列

② 指導員がA列B列の間の先頭（リーダー）の前に立ちます。

リーダー　サブリーダー

> はじめにリーダー・サブリーダーを決めて行います。

> 前方に立つ指導員は、対象者の状態を見ながらつかず・離れずの位置を選択し、時間を重ねるごとに　遠くに立つようにしていくと効果があります。

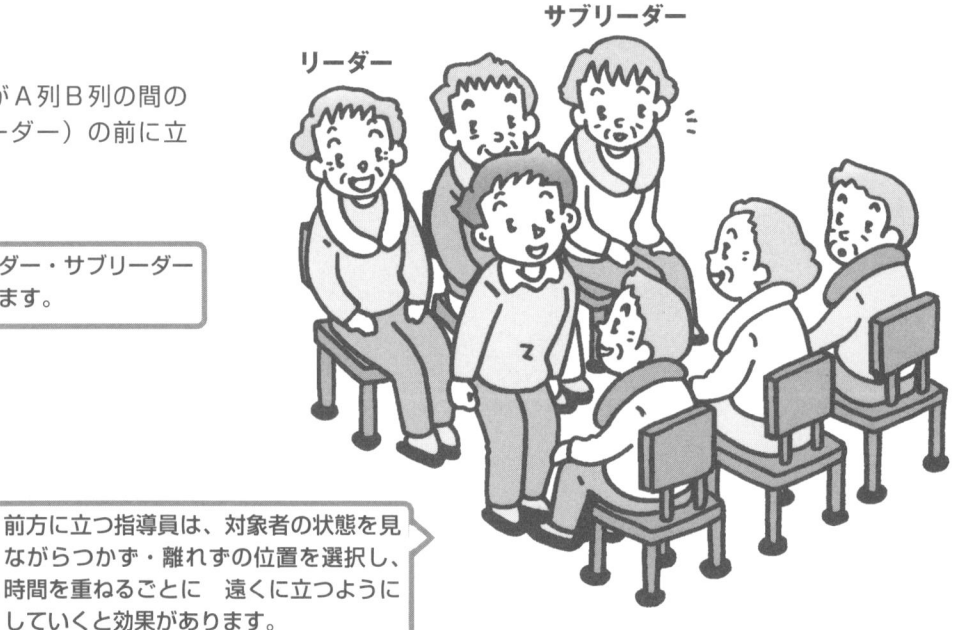

バルーンリハビリ実践編

③ 「よーい、ドン」で、リーダーから順番に前方に立つ指導員の首にバルーンをかけます。

④ 指導員は動いて、隣の人の前方に立ちます。

⑤ サブリーダー（最後尾）のところまで行います。

⑥ 最後まで行ったら、指導員がバルーンを全部持ったまま先頭にもどり、ゴールになります。

みんなで運動会をしよう

少し力がついてきたら、いろいろな運動を取り入れて、団体で行っても楽しいですよ。
プログラムの1例をご紹介します。

【運動をする前に】

1　紅白対抗戦にします。
2　対面式に2列に並んで座ります。
3　指導員が列の手前に立ちます。

「よーい　ドン!!」の掛け声がわりに、バルーンを割るのも刺激になります。

バルーンリハビリ実践編

対抗戦のプログラム

① 開会の挨拶
握手●前の人と右手で握手・そのまま右手を離さず・左手で握手。

② ポンポンを使って体を動かそう
〈44ページ参照〉
●紅白対抗レース

③ 5インチバルーンをつぶしてみよう
〈20ページ参照〉
●好きな色を渡す。

④ 5インチバルーンを膝と膝ではさんでみよう
〈24ページ参照〉
●紅白チームの間に立ち、はさんだバルーンを指導員が交互につまんで取っていく。

⑤ 260を輪にして体を動かそう（1本）
〈48ページ参照〉
●数回のレース

⑥ 260を輪にして体を動かそう（3本）
〈50ページ参照〉
●数回のレース

以上で所要時間は約60分です。
競争に重点をおくのではなく、ゆっくりと、できない人を待ちながら進めていきましょう。

記録表をつくっておきましょう

　このカードは、私の職場である老人施設の「バルーン教室」で使っているものです。
　はじめは、私個人のノートに参加者の様子を記載していたのですが、教室に参加される方に意識を持ってもらうことと、私以外の職員がこの教室に関わる際に、継続してバルーンリハビリができるようにと考えて作成したものです。
　皆さんも、是非このカードをご利用ください。

曜日	午前	午後	時間	自立度	運動内容	次回運動

☆書き方は　下記に例をあげますので参考にしてください。

曜日	午前	午後	時間	自立度	運動内容	次回運動
3月1日 木	○		15分	介助あり	膨らます× 結ぶ× 握る× ひねる○ ロック△ イヌ△	×の部分 イヌ
2日 金		○	35分	介助あり	膨らます× 結ぶ× 握る○ ひねる○ ロック△ イヌ△	×の部分 イヌ
3日 土	○		40分	介助あり	膨らます○ 結ぶ× 握る○ ひねる○ ロック○ イヌ△	×の部分 イヌ
8日 木	○		25分	介助なし	膨らます○ 結ぶ○ 握る○ ひねる○ ロック○ イヌ○	イヌ キリン

バルーンアート実践編

キュッ・キュッ・ぐるっ……できた！
バルーンを握って、つぶして、ひねって、
全身に汗いっぱい。
さぁ、心と体にとてもいい、バルーンアートで
リハビリをはじめましょう！

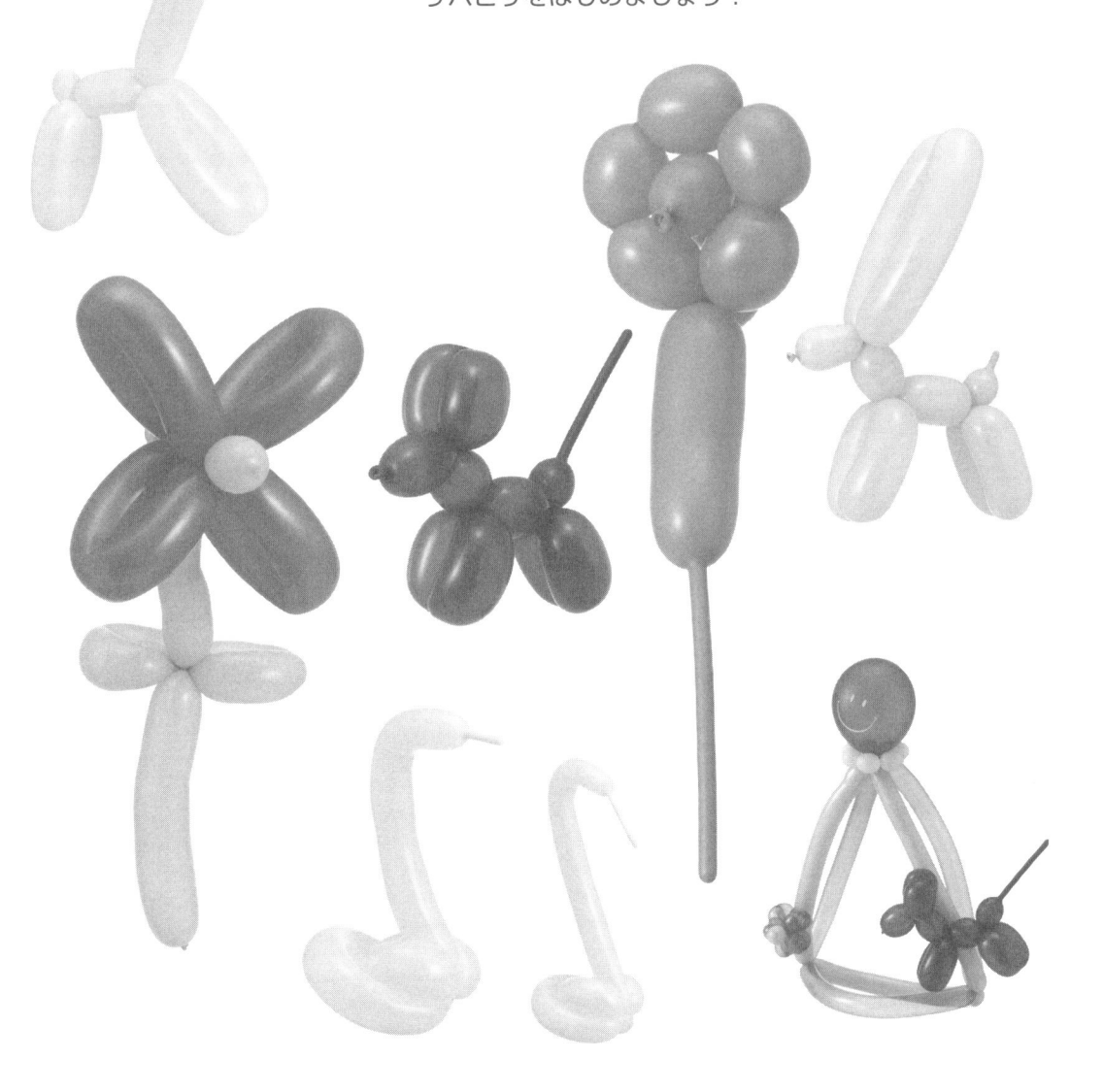

☆『バルーンアート』に使用するツイストバルーン・260サイズの基本的な扱い方のポイントは、7、8ページを参考にしてください。

イヌをつくる

① バルーンの先を20cmほど残し、膨らまします。結び目側を左手に持ち、4cmのバブルを3つつくります。

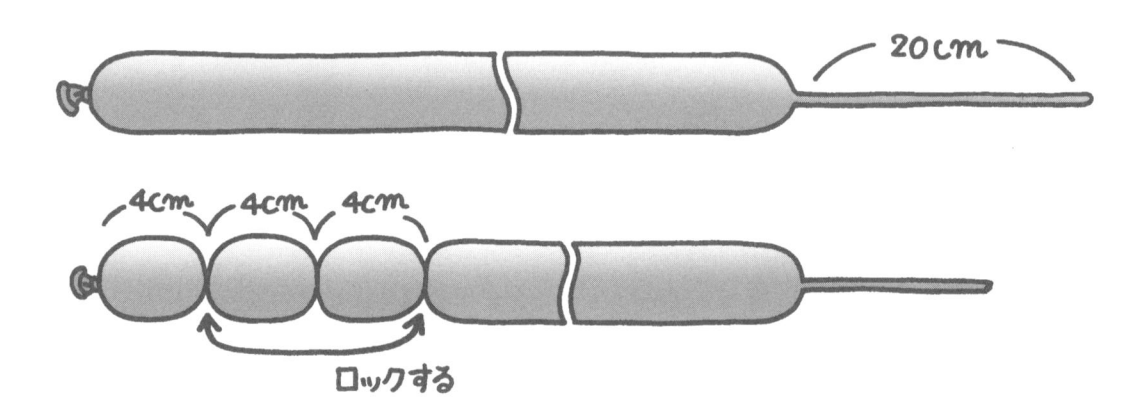

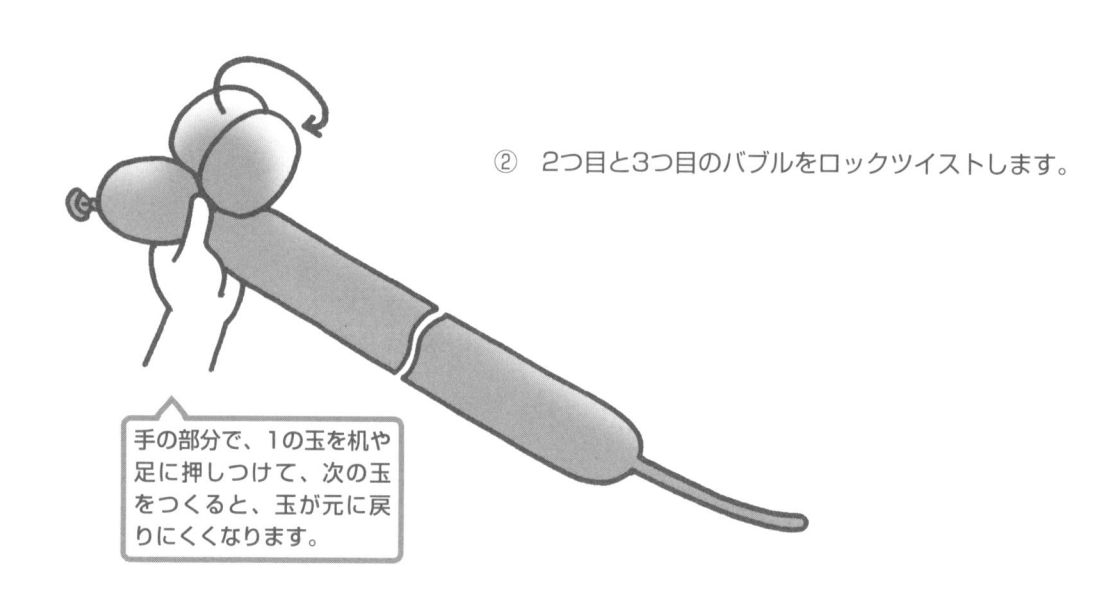

② 2つ目と3つ目のバブルをロックツイストします。

手の部分で、1の玉を机や足に押しつけて、次の玉をつくると、玉が元に戻りにくくなります。

バルーンアート実践編

③ さらに4cmのバブルを3つつくり、同じように2つ目と3つ目をロックツイストします。それをもう1回繰り返します。

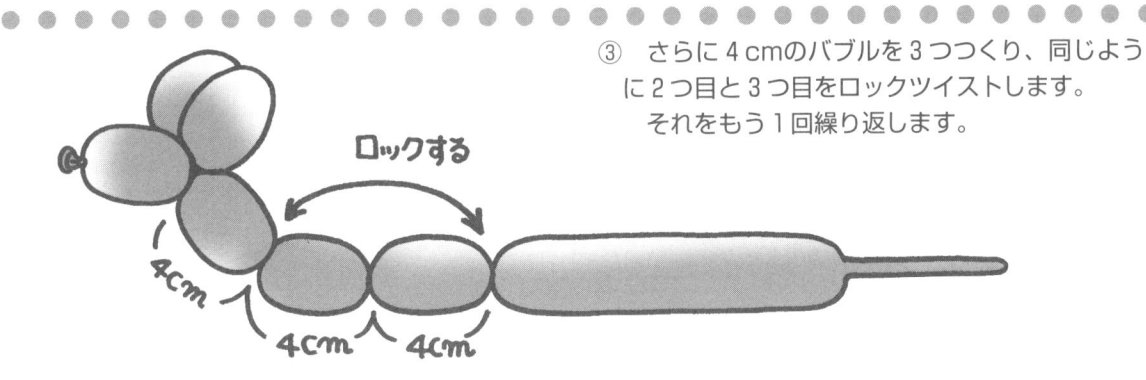

ロックする

4cm 4cm 4cm

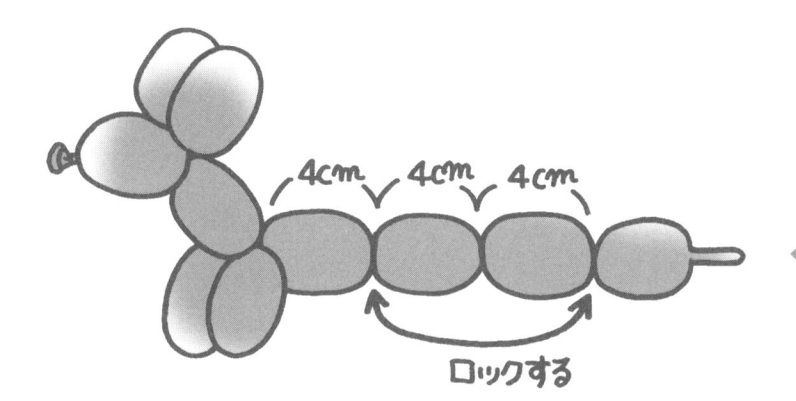

4cm 4cm 4cm

ロックする

ロックツイストするときは、ぎゅっとつまんでひねると、余分な力をかけなくてすみます。また、割れにくくなります。

④ これでイヌのできあがりです。

One Point Advice 1
バルーンアート 運動の効果

● バルーンアートは、身近にある様々な道具の使用を円滑に行えるよう、指や手の機能を維持したり高めたりするのに効果的です。

ウサギをつくる

① バルーンの先を8cm残し、膨らまします。
結び目側を左手に持ち、4cmのバブルを1つ、
15cmのバブルを2つつくり、2つ目と3つ目の
バブルをロックツイストします。

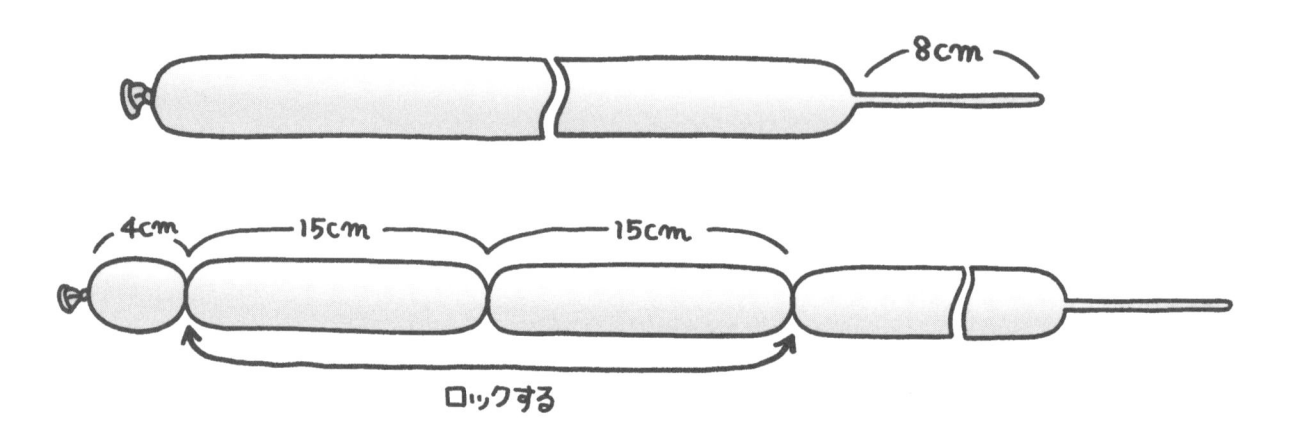

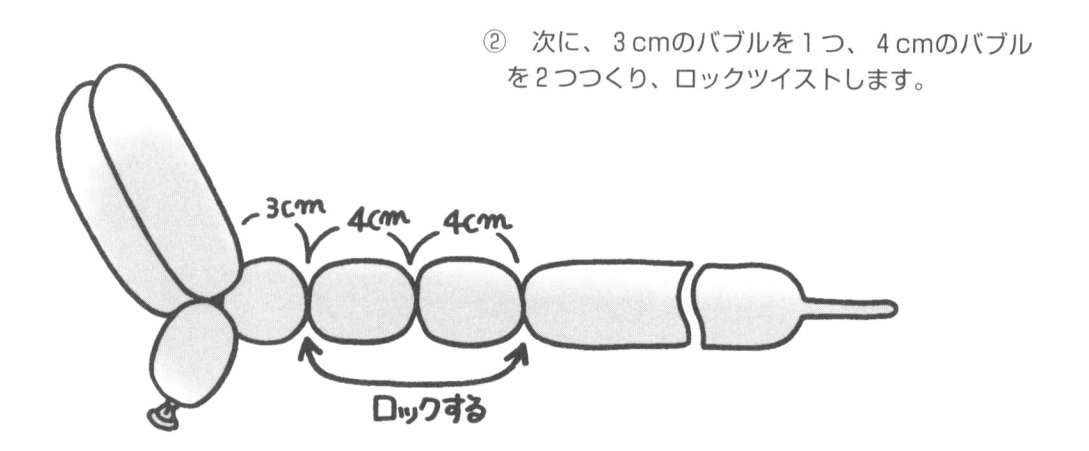

② 次に、3cmのバブルを1つ、4cmのバブル
を2つつくり、ロックツイストします。

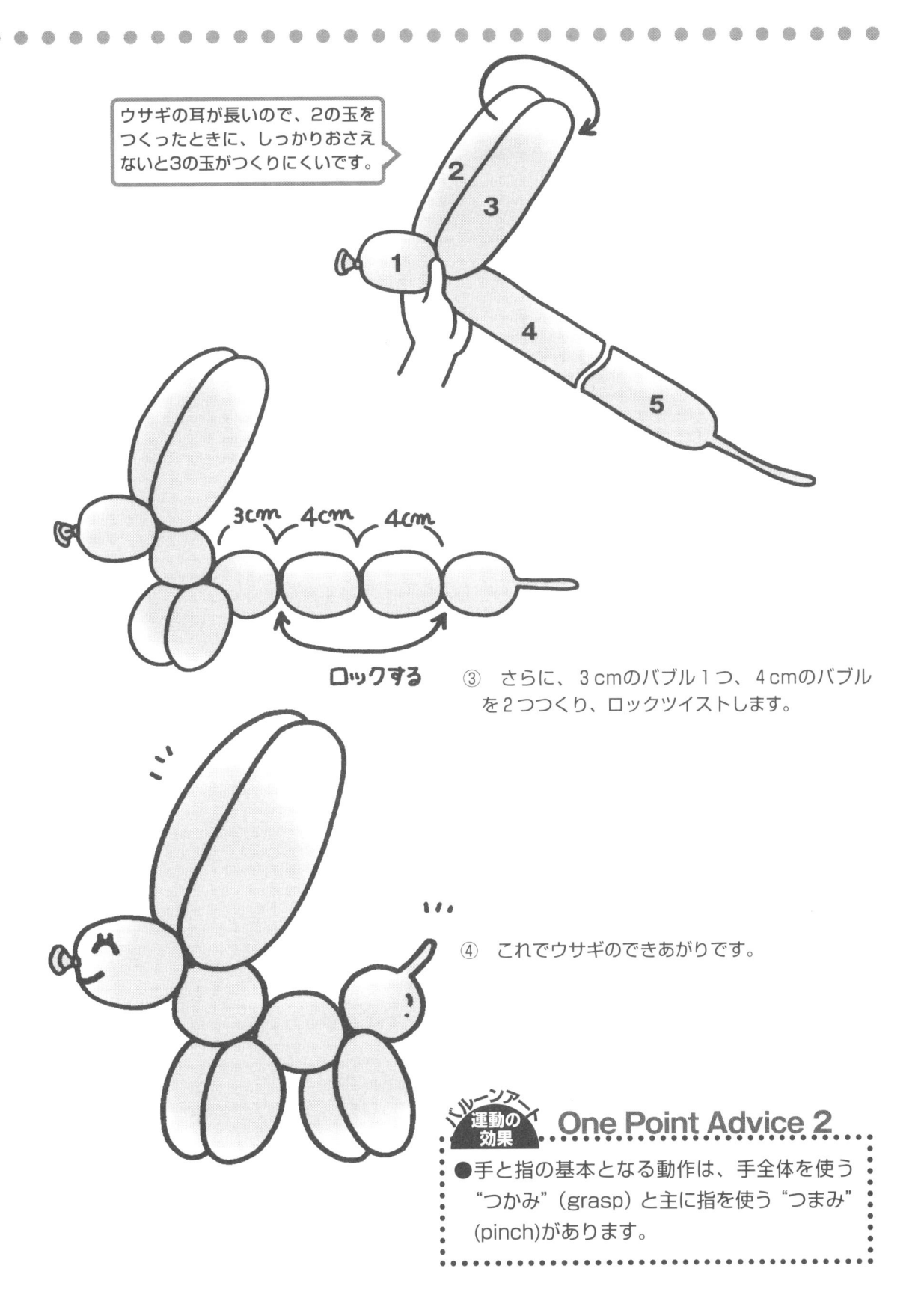

バルーンアート実践編

ウサギの耳が長いので、2の玉をつくったときに、しっかりおさえないと3の玉がつくりにくいです。

③ さらに、3cmのバブル1つ、4cmのバブルを2つつくり、ロックツイストします。

④ これでウサギのできあがりです。

One Point Advice 2
バルーンアート運動の効果

● 手と指の基本となる動作は、手全体を使う"つかみ"（grasp）と主に指を使う"つまみ"（pinch）があります。

キリンをつくる

① バルーンの先を8cm残し、膨らまします。
結び目側を左手に持ち、4cmのバブルを1つ、2cmのバブルを2つつくり、2つ目と3つ目のバブルをロックツイストします。

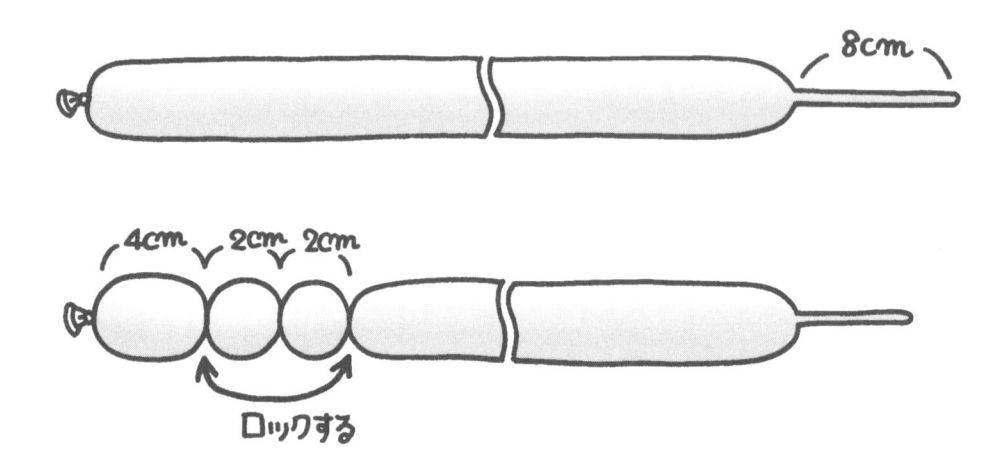

② 次に、12cmのバブルを1つ、4cmのバブルを2つつくり、ロックツイストします。

> 2と3がキリンの耳になるので、1より小さく丸くつくるとかわいくなります。

バルーンアート実践編

③　さらに、3cmのバブル1つ、4cmのバブルを2つつくり、ロックツイストします。

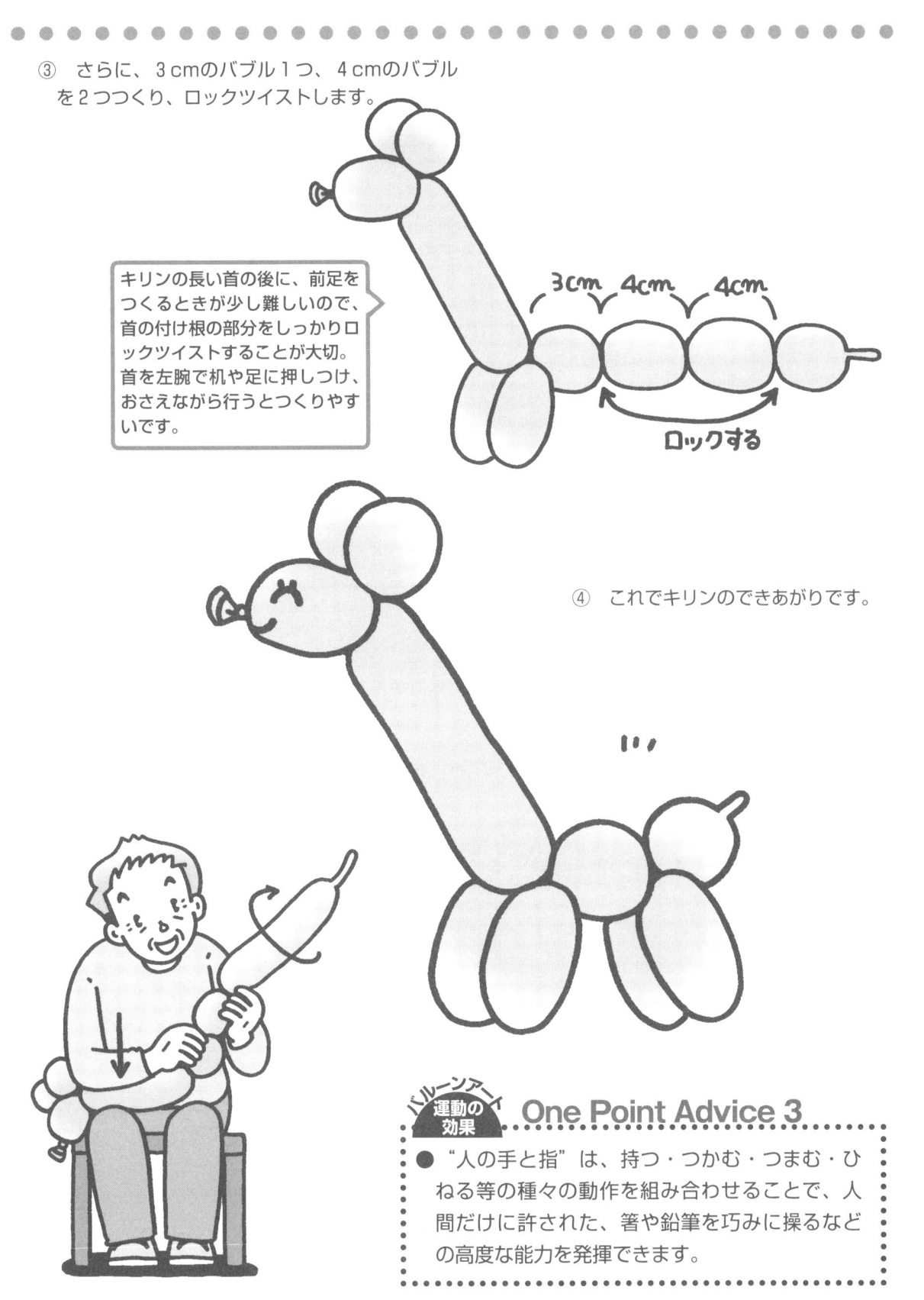

> キリンの長い首の後に、前足をつくるときが少し難しいので、首の付け根の部分をしっかりロックツイストすることが大切。首を左腕で机や足に押しつけ、おさえながら行うとつくりやすいです。

3cm　4cm　4cm
ロックする

④　これでキリンのできあがりです。

One Point Advice 3

バルーンアート 運動の効果

● "人の手と指"は、持つ・つかむ・つまむ・ひねる等の種々の動作を組み合わせることで、人間だけに許された、箸や鉛筆を巧みに操るなどの高度な能力を発揮できます。

ハクチョウをつくる

① バルーンの先を5cmほど残し、膨らまします。

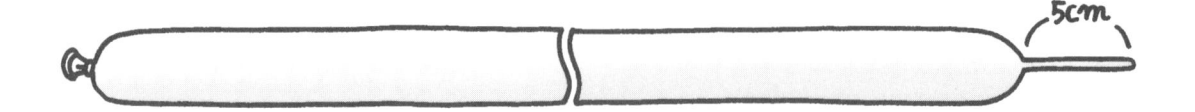

② 結び目から20cmのところまで折り曲げます。

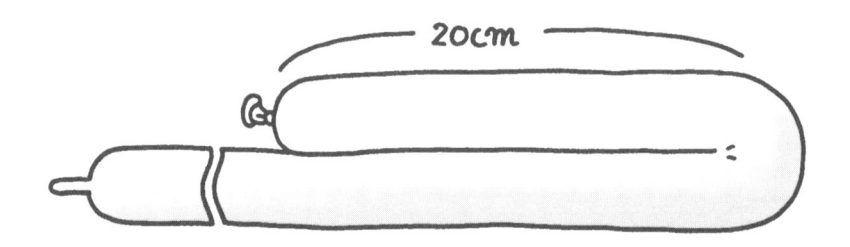

③ 絵のようにし、結び口の結び目で2周からめて、はずれないようにします。

④ できた輪より2cm大きめの輪をもう1つつくり、ロックツイストします。

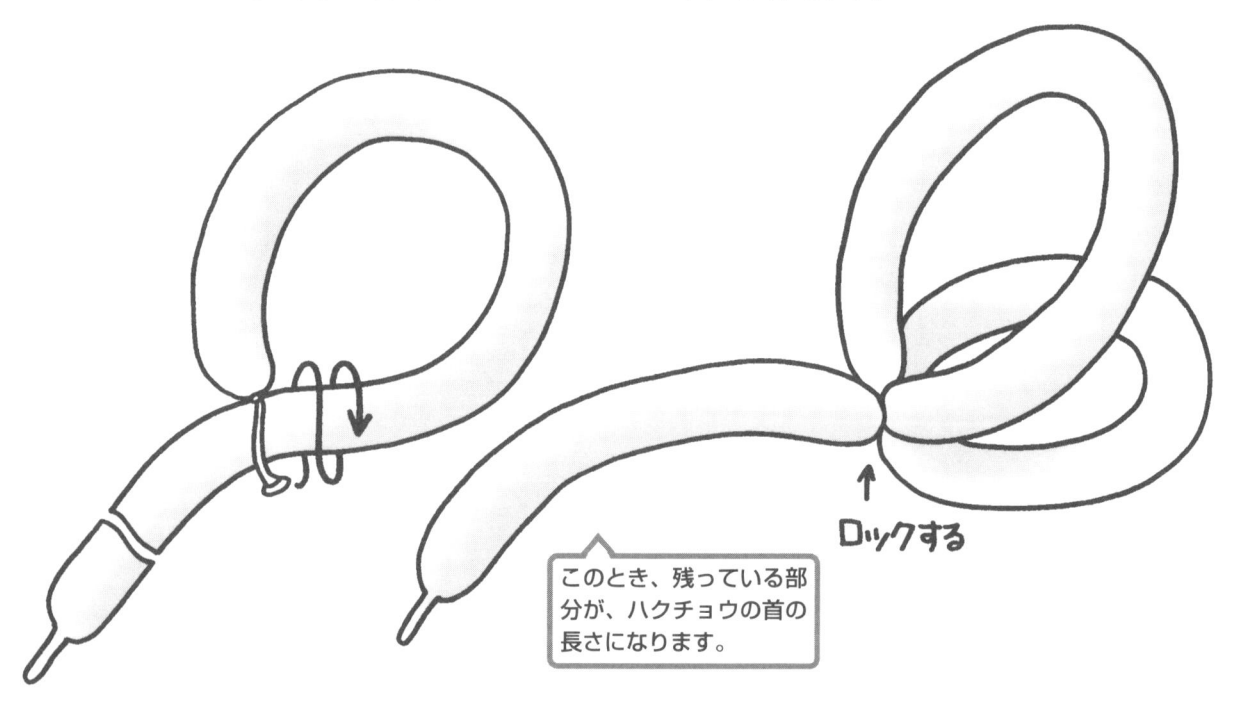

ロックする

このとき、残っている部分が、ハクチョウの首の長さになります。

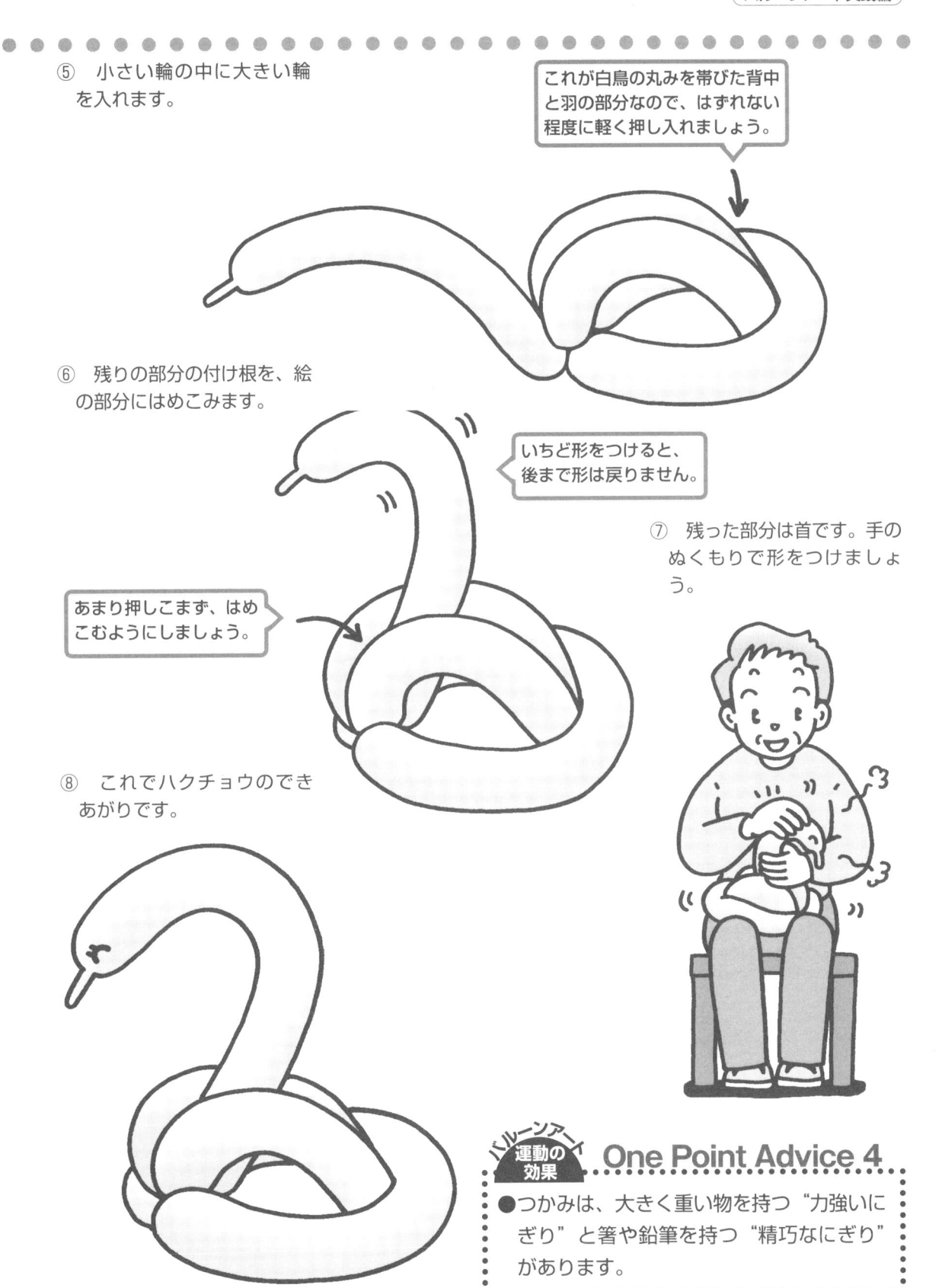

バルーンアート実践編

⑤ 小さい輪の中に大きい輪を入れます。

> これが白鳥の丸みを帯びた背中と羽の部分なので、はずれない程度に軽く押し入れましょう。

⑥ 残りの部分の付け根を、絵の部分にはめこみます。

> いちど形をつけると、後まで形は戻りません。

⑦ 残った部分は首です。手のぬくもりで形をつけましょう。

> あまり押しこまず、はめこむようにしましょう。

⑧ これでハクチョウのできあがりです。

One Point Advice 4

バルーンアート 運動の効果

● つかみは、大きく重い物を持つ"力強いにぎり"と箸や鉛筆を持つ"精巧なにぎり"があります。

花をつくる

① まず花をつくります。
バルーンの先を2cm残し、膨らまします。
結び目と残した先のほうを結びます。

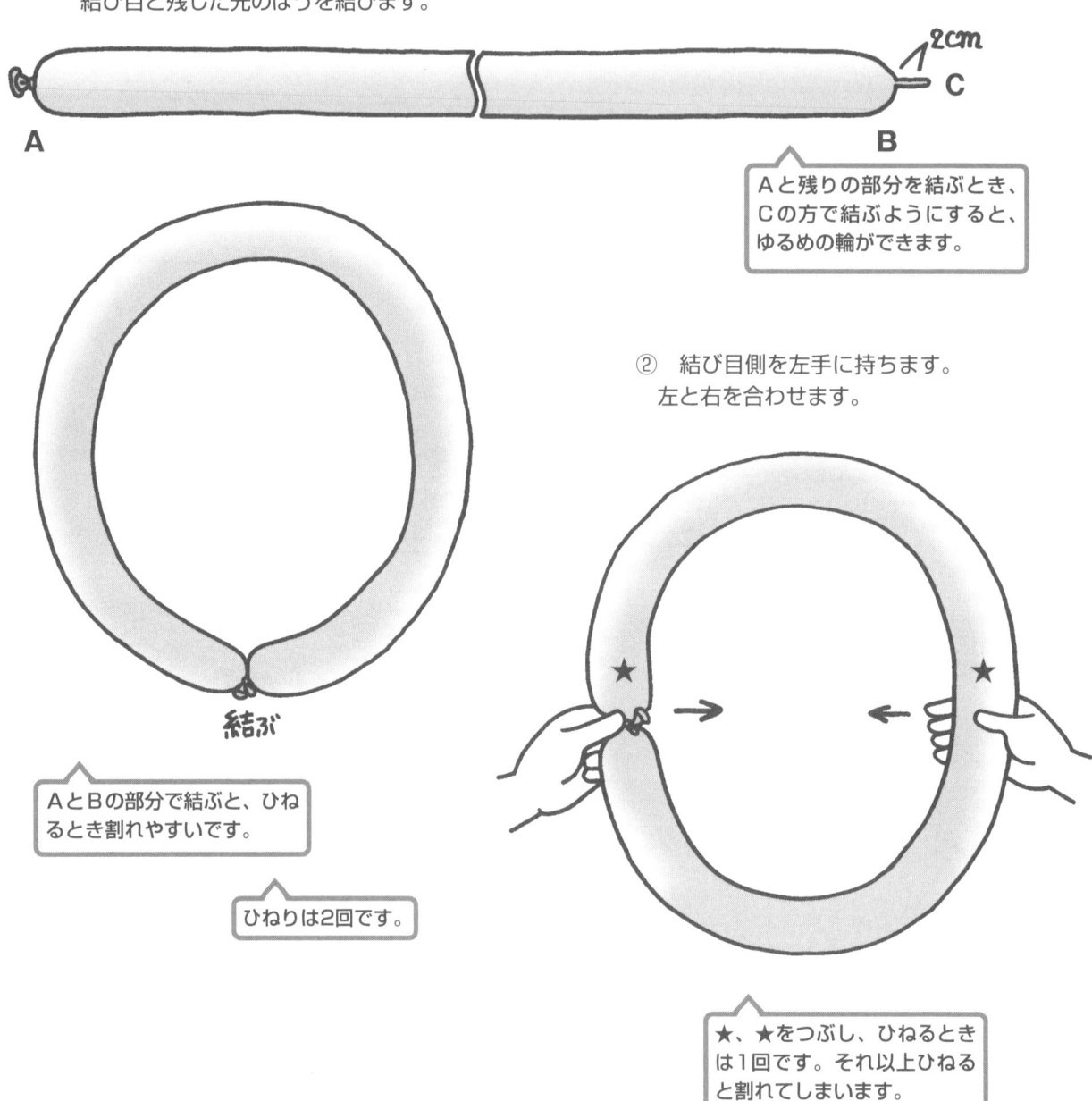

A　　　　　　　　　　　　　　B　2cm　C

Aと残りの部分を結ぶとき、Cの方で結ぶようにすると、ゆるめの輪ができます。

結ぶ

AとBの部分で結ぶと、ひねるとき割れやすいです。

ひねりは2回です。

② 結び目側を左手に持ちます。
左と右を合わせます。

★、★をつぶし、ひねるときは1回です。それ以上ひねると割れてしまいます。

バルーンアート実践編

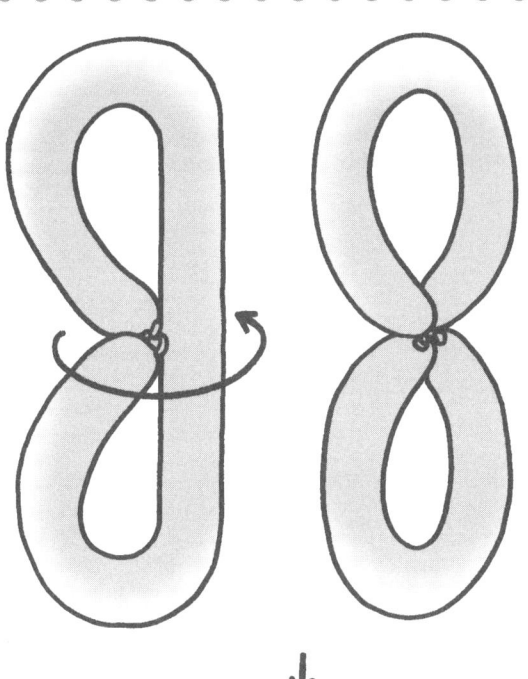

③ 中央を 1 回ひねります。

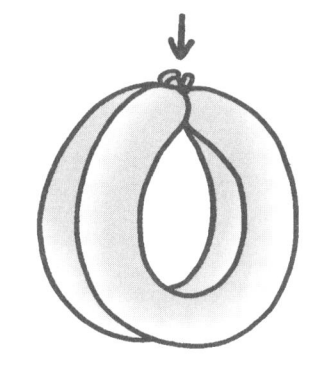

④ 合わせて、結び目を上にして中央をつぶし、1 回ひねります。
これで、花びら部分のできあがりです。

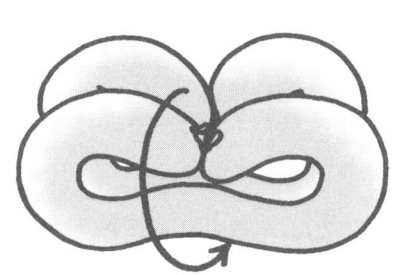

バルーンアート 運動の効果 One Point Advice 5

- 手と指の動きに加え、腕の"外回しや内回し"を組み合わせることで、水道の蛇口をひねる・タオルを絞る・スプーンや箸を口元に運ぶ・櫛で髪をとかすなど、日常生活で必要な動作に幅広く対応できます。

茎と葉をつくる

⑤ 次に、茎と葉をつくります。
バルーンを10cm残し、膨らまします。

⑥ 空気の入っていないほうの先に、4cm分空気を送ります。

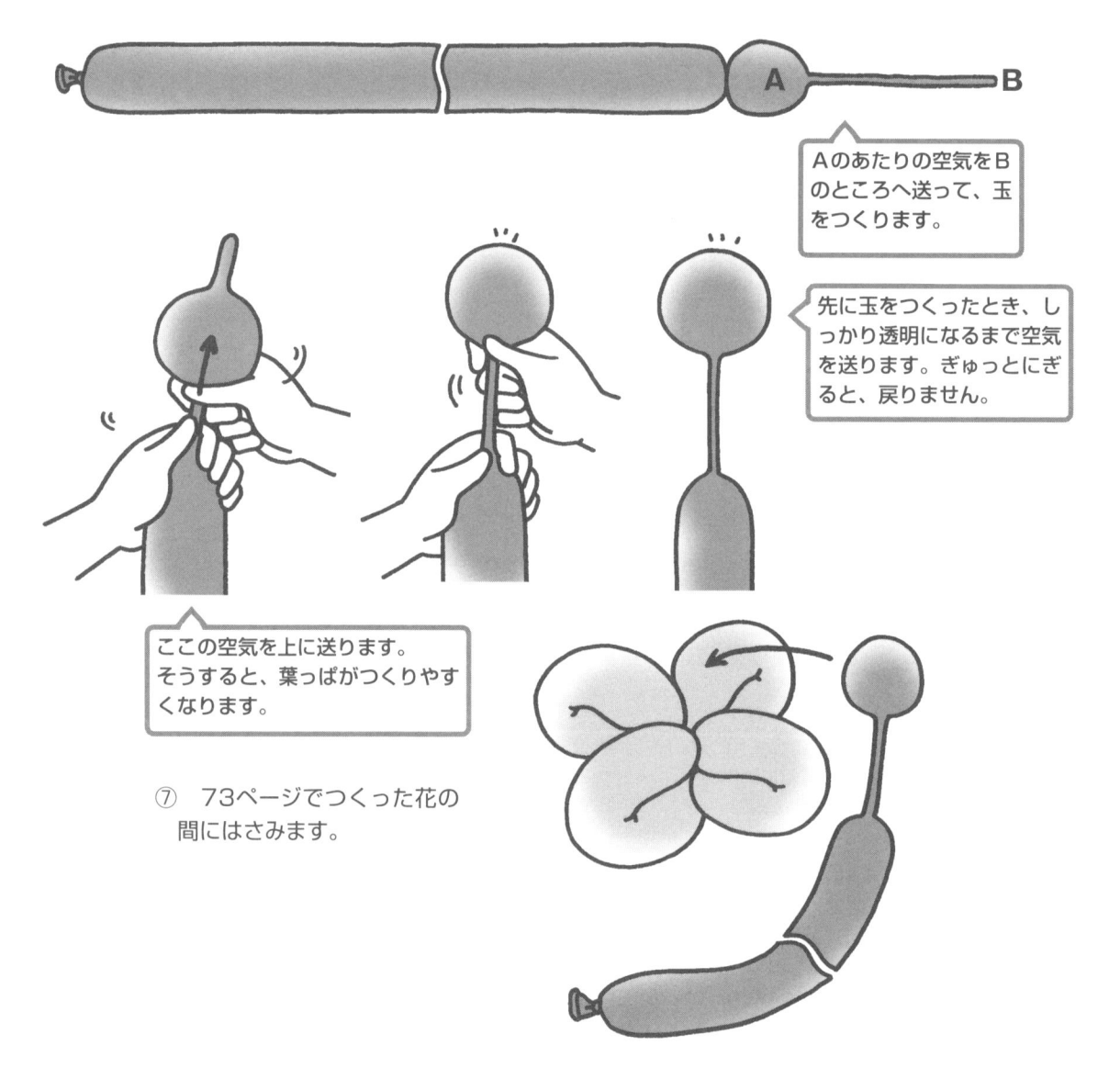

Aのあたりの空気をBのところへ送って、玉をつくります。

先に玉をつくったとき、しっかり透明になるまで空気を送ります。ぎゅっとにぎると、戻りません。

ここの空気を上に送ります。そうすると、葉っぱがつくりやすくなります。

⑦ 73ページでつくった花の間にはさみます。

バルーンアート実践編

⑧ 結び目から花に届くところまで、空気を送ります。

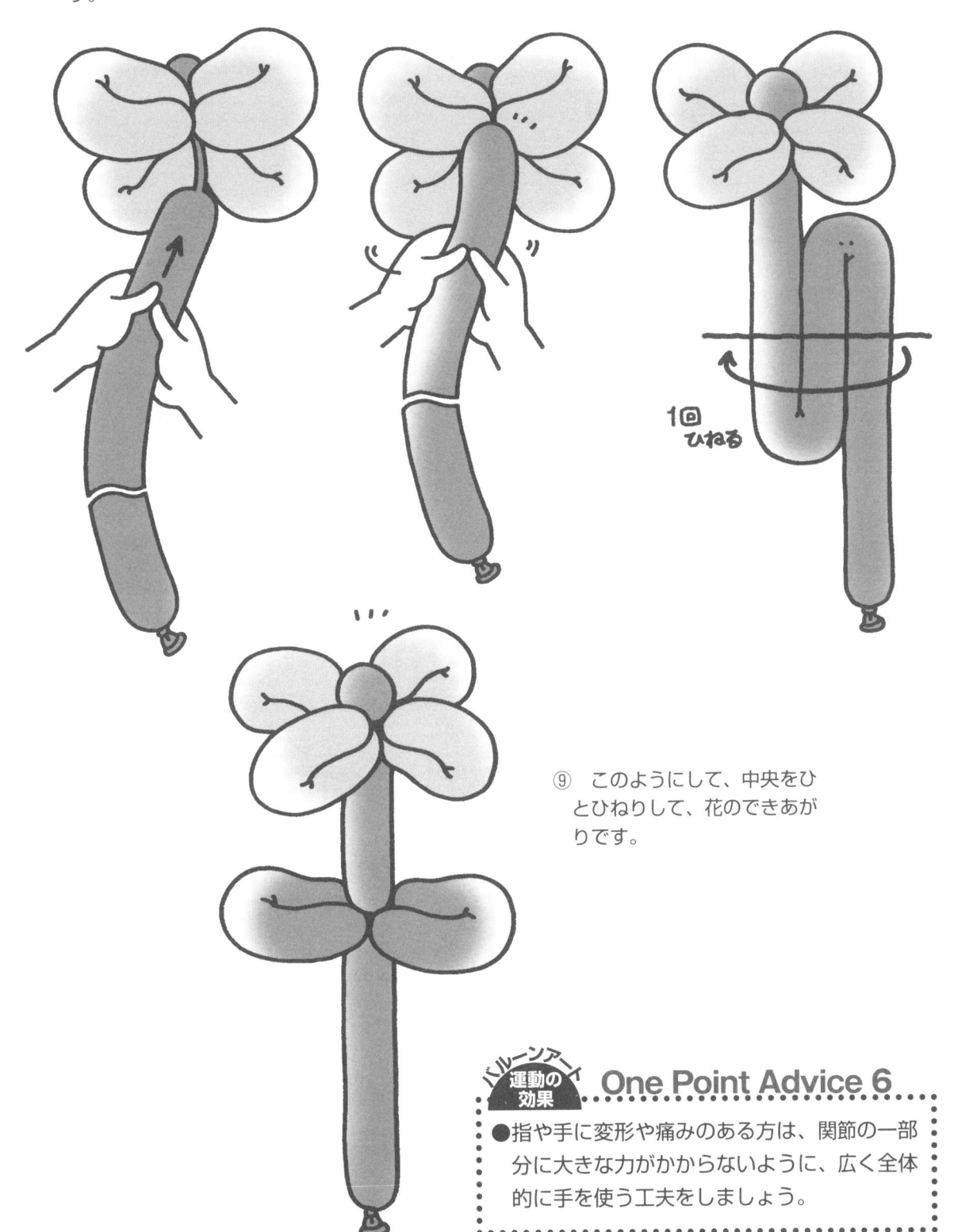

1回ひねる

⑨ このようにして、中央をひとひねりして、花のできあがりです。

One Point Advice 6

バルーンアート 運動の効果

●指や手に変形や痛みのある方は、関節の一部分に大きな力がかからないように、広く全体的に手を使う工夫をしましょう。

デイジーをつくる

① バルーンを25～28cmほど膨らまします。

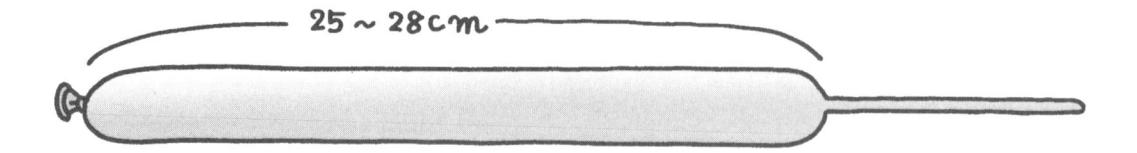

② 結び目を左手に持ち、4cmのバブルを8個つくります。

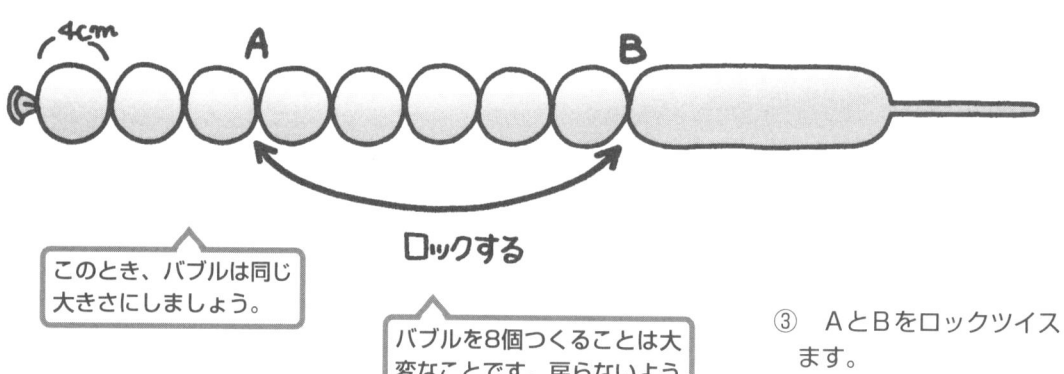

ロックする

このとき、バブルは同じ大きさにしましょう。

バブルを8個つくることは大変なことです。戻らないようにしっかり押さえましょう。

③ AとBをロックツイストします。

できない場合は、絵のように足にはさんで行ってみましょう。

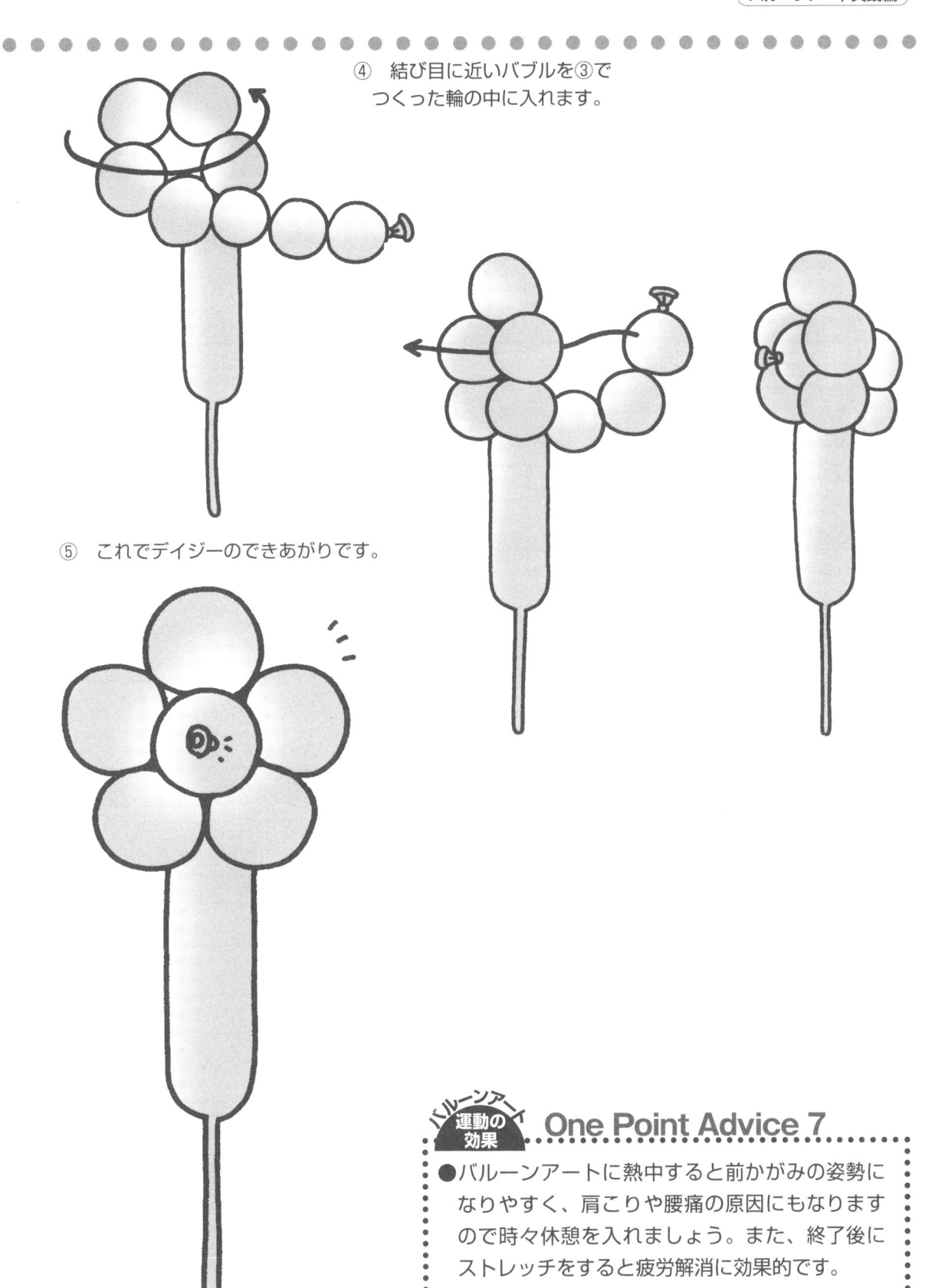

バルーンアート実践編

④ 結び目に近いバブルを③で
つくった輪の中に入れます。

⑤ これでデイジーのできあがりです。

One Point Advice 7

バルーンアート
運動の
効果

●バルーンアートに熱中すると前かがみの姿勢になりやすく、肩こりや腰痛の原因にもなりますので時々休憩を入れましょう。また、終了後にストレッチをすると疲労解消に効果的です。

帽子をつくる

① バルーンを2本準備します。

② バルーンの先を5cmほど残し、2本膨らまします。

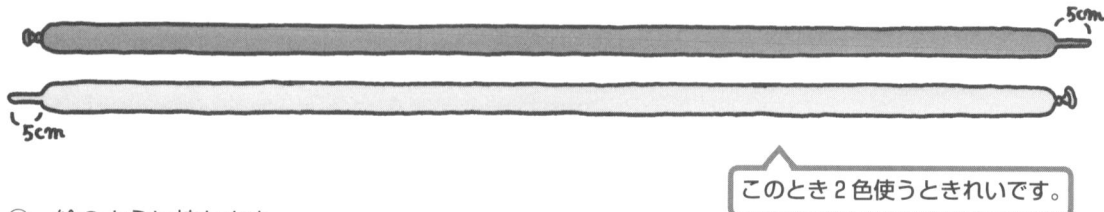

このとき2色使うときれいです。

③ 絵のように持ちます。

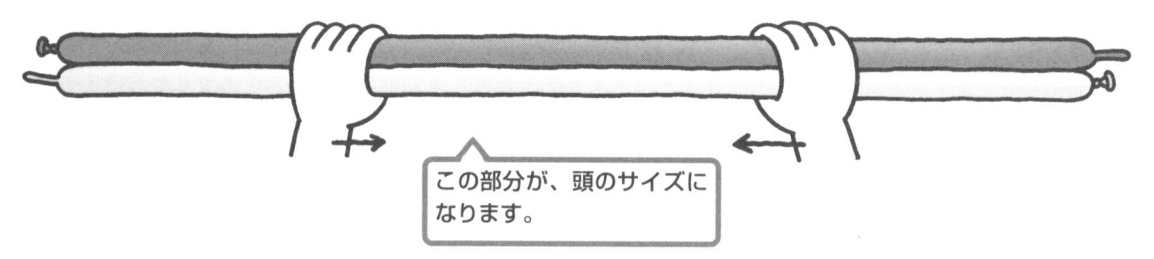

この部分が、頭のサイズになります。

④ AとBの間を25cmほどあけ、矢印の部分をひねります。

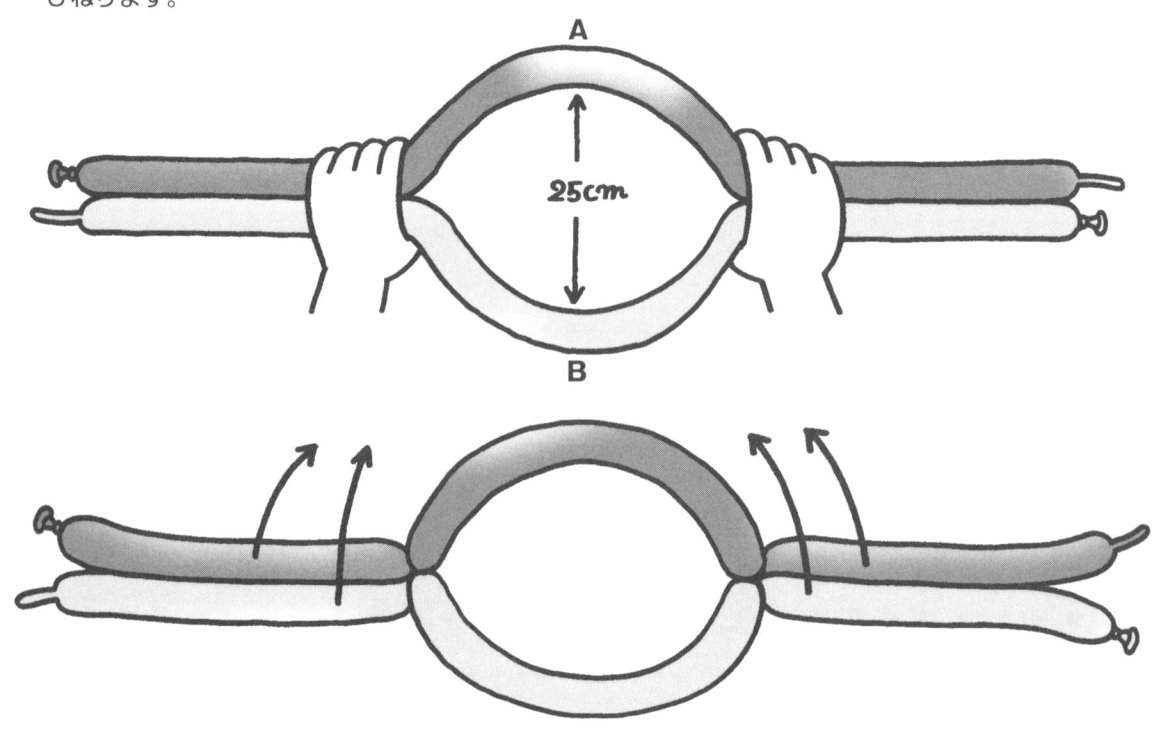

バルーンアート実践編

⑤ バルーンの残りが長いもの同士で3角形をイメージし、ロックツイストします。

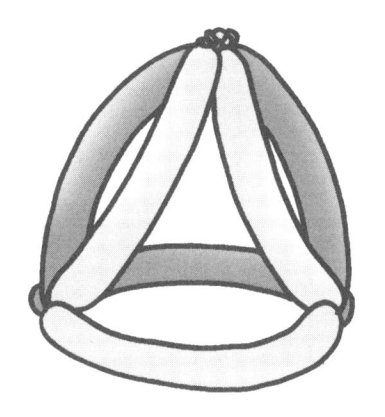

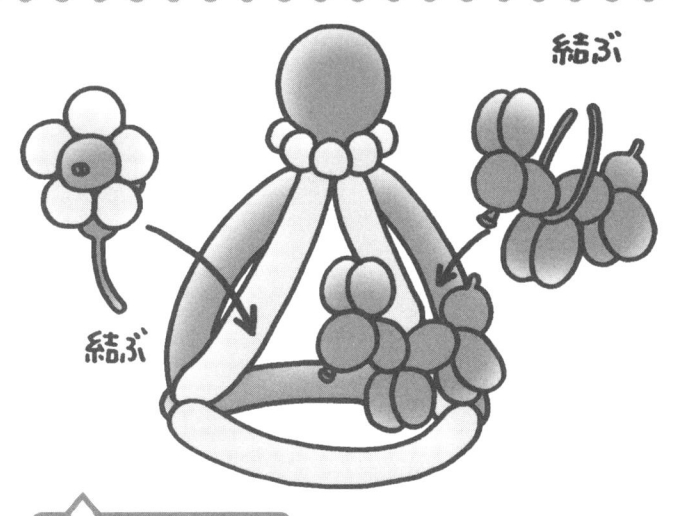

結ぶ

結ぶ

飾りにバルーンでいろいろなものをつけると、豪華になります。

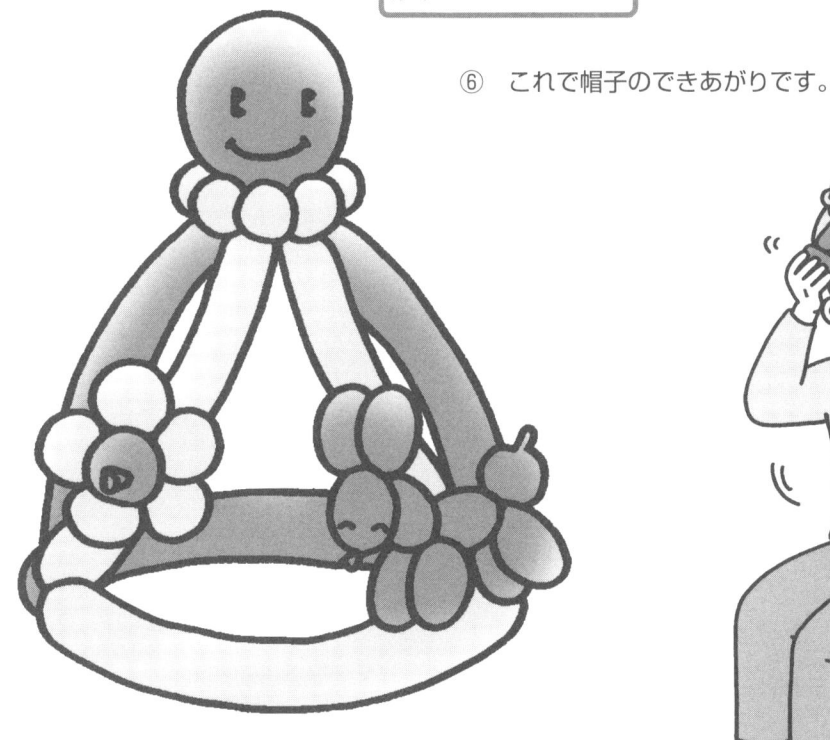

⑥ これで帽子のできあがりです。

One Point Advice 8
バルーンアート 運動の効果

● つまみは、針に糸を通す（指先つまみ＝親指と人差し指）・紙をはさむ（横つまみ＝親指と人差し指の側面）・ボールをひろう（全指つまみ）等、つまみ方により様々な対象物や状況に対応しています。

PROFILE
大石亜由美
おおいし　あゆみ

1967年東京都生まれ。
聖マリアンナ医科大学付属看護専門学校卒業。
バルーンアートとの出会いを生かし、高齢者の風船機能訓練・バルーンリハビリに力を入れ活動している。またバルーンアートの楽しさも伝え、多くの人材を育成していきたいと考えている。

【主な活動内容】
訪問看護師・救命救急士・産業保健指導員・心理相談員
バルーンリハビリインストラクター・バルーンプランナー
カラーハート♡セラピスト・創作作家・作家

協力●れいめい会　新百合ヶ丘介護老人保健施設つくしの里　リハビリテーション部
　　　　　　　理学療法士　木下尚久
　　　カラーアナリスト　唐津彩佳

編集●内田直子　　イラスト●種田瑞子
撮影●虹彩舎（小林幹彦　大原朋美）
ブックデザイン●リトルこうちゃん+渡辺美知子デザイン室

●バルーンリハビリ　商標登録出願中　商願2006-120244号

【参考資料】
『ナーシングマニュアル　10　骨・関節疾患看護マニュアル』総監修　日野原重明（学研）
『新版　介護福祉士養成講座　4　リハビリ論』
『新版　介護福祉士養成講座　1　老人福祉論』（中央法規）
『ヘルパー2級講座』（ベネッセコーポレーション）
【参考文献】「日本風船協議会」の資料：JAPAN・BALLOON FUN CLUB

バルーンリハビリ
高齢者の体と心の風船機能トレーニング

2007年3月12日　第1刷発行

著　者●大石亜由美©
発行人●新沼光太郎
発行所●株式会社いかだ社
　　　〒102-0072東京都千代田区飯田橋2-4-10 加島ビル
　　　Tel.03-3234-5365　Fax.03-3234-5308
　　　振替・00130-2-572993

印刷・製本　株式会社ミツワ
乱丁・落丁の場合はお取り換えいたします。
ISBN978-4-87051-209-2